Kaiserstraße 14 b
D-80801 München

2. Auflage der überarbeiteten Neuausgabe 2017
ISBN 978-3-89883-569-5

Redaktion Iris Eisenbeiß, Karen Guckes-Kühl
Graphische Gestaltung Georg Feigl
Illustrationen Mathias Voelchert
Coverfoto Lucas Kromm
Producing Jan Russok
Druck und Bindung optimal media GmbH, Röbel

Die ZS Verlag GmbH ist ein Unternehmen der Edel AG, Hamburg.
www.zsverlag.de | www.facebook.com/zsverlag

Nicola Sautter

Mein neues welleat Konzept

Inhalt

LOS
GEHT'S

Liebe Leserin, lieber Leser,

die Wartezimmer der Ärzte bei uns sind voll mit Patienten, die über Bauchschmerzen, depressive Verstimmungen, chronische Rückenschmerzen und ständige Müdigkeit klagen. Immer größer wird auch die Zahl derjenigen, die unter einer Lebensmittelallergie leiden. Ich beobachte nun schon seit 24 Jahren diese Leiden, von denen die wenigsten in den Arztpraxen gelindert werden. Oft werden nur die Symptome bekämpft, und es wird viel zu wenig nach den Ursachen geforscht. Dabei beruhen viele dieser Beschwerden schlichtweg auf einer falschen Ernährung oder Lebensweise.
Was viele heute nicht mehr wissen: Die Nahrung ist die stärkste Medizin, die die Natur zu bieten hat. Wir müssen wieder lernen, an die Kraft der Nahrung zu glauben – an das, was in anderen Kulturen fest verankert ist. Mit der richtigen Ernährungsweise lassen sich Krankheiten lindern und sogar heilen, denn jede Mahlzeit wirkt in unserem Körper. Durch die Art der Nahrungsmittel, die wir täglich zu uns nehmen, können wir selbst etwas für uns tun. Wir können unser Wohlergehen beeinflussen, wir können steuern, wie fit und belastbar, wie gesund, schlank und zufrieden wir sind.
Mit meinem welleat Konzept biete ich Ihnen einfache Lösungen, wie Sie durch die richtige Kombination von Kohlenhydraten, Eiweiß und guten Fetten körperliche und geistige Maxi-

malkraft entfalten können, um sich wieder wohlzufühlen und auf Dauer gesund zu bleiben. Und was für Sie ganz entscheidend ist: welleat lässt sich ideal im Alltag umsetzen. Mir geht es darum, Ihnen auf einfache Weise zu vermitteln, welcher Zusammenhang zwischen Nahrung, Wohlbefinden und Gesundheit besteht. Das hormonelle Gleichgewicht spielt hier eine wichtige Rolle, und dieses gilt es wiederherzustellen. Natürlich ist richtige Ernährung nicht eine Lösung für alle Beschwerden, deshalb beschäftigt sich welleat auch mit Trinken, mit Bewegung und mit dem richtigen Umgang mit Stress.
Gerade wenn Sie Gewichtsprobleme haben oder an scheinbar unerklärlichen Symptomen leiden, wird es Zeit, Selbstverantwortung für Körper, Geist und Seele zu übernehmen, einen eigenen Weg zu finden und nicht mehr auf Lösungen von anderen zu bauen. Folgen Sie Ihrer inneren Stimme, spüren Sie in sich hinein. Wenn der Wille stark wie ein verwurzelter Baum ist, macht man sich auf den Weg.
Viele Erkrankungen entstehen nicht von heute auf morgen, sie entwickeln sich nur langsam – der Nährboden können schlecht versorgte Zellen in unserem Körper sein. Wenn Sie welleat umsetzen, leisten Sie einen großen Beitrag, dass Ihre Zellen optimal mit Nährstoffen, Sauerstoff und Wasser versorgt sind.
Packen Sie es jetzt an!
Ich wünsche Ihnen viel Erfolg und Spaß dabei!

Alles Liebe,
Ihre
Nicola Sautter

Über zehn Jahre welleat

Ein Rückblick auf das welleat Konzept

Die Medien sagen: esst mehr Eiweiß, die Ärzte sagen: esst weniger Eiweiß, denn das sind alles tierische Produkte. Wer hat recht? Beide. Wir brauchen ausreichend Eiweiß, wollen dabei aber nicht übersäuern. Dafür habe ich eine Lösung gefunden. Lesen Sie die Geschichte dahinter und meine persönliche Bredouille mit tierischem Eiweiß.

Rückblick

Durch die Entdeckung des welleat Konzepts vor über zehn Jahren hat sich nicht nur meine Ernährung, sondern mein ganzes Leben verändert. Denn die Erkenntnis über die Wichtigkeit von Eiweiß war für mich nicht nur ein theoretischer Wissensgewinn, sondern sprichwörtlich »hautnah« erlebtes Erfahrungswissen. Zuvor hatte ich schon mein ganzes Leben mit Gewichtsproblemen zu kämpfen, versuchte mich bewusst gesund zu ernähren mit viel Obst, Gemüse, Salat, Vollkornprodukten und natürlich – nach den daraus resultierenden regelmäßigen Heißhungerattacken – auch Süßigkeiten. Meine persönliche Erfahrung: Ich war nicht schlank, meist nach dem Essen müde, nicht belastbar und oft schlecht gelaunt, weil ich abnehmen wollte und es nicht geklappt hat. Ich war der personifizierte Jo-Jo-Effekt: Gewicht rauf und runter, gehungert, gekämpft, gelitten, dann mal wieder aufgegeben und wieder angefangen. Der Heißhunger auf Süßes hat mich wahnsinnig gemacht.

Umdenken

Dann endlich kam die Erkenntnis, wie wichtig Eiweiß für unsere Ernährung ist – und nicht nur für das Gewicht, sondern um sich fit und gesund zu fühlen.

Eiweiß ist der Grundbaustein allen Lebens – ohne Eiweiß gibt es kein Leben. Ich habe meine Ernährung umgestellt. Also habe ich angefangen, Eiweiß zu essen: Fleisch, Fisch, Eier, Hüttenkäse, Quark. Der Erfolg ließ nicht lange auf sich warten. Meine Hosen passten, ich fühlte mich fitter und habe weniger Heißhunger verspürt. Ich

konnte mich endlich um was anderes kümmern als um Essen und meine Figur. Das fühlte sich richtig gut an.

Doch ein paar Monate später folgte die Ernüchterung: Stellen Sie sich vor, Sie fangen an, morgens, mittags und abends Fisch, Fleisch, Eier oder Milchprodukte zu essen. Irgendwann mochte ich das nicht mehr und fühlte mich sauer und nicht gut. Ich hatte Probleme damit, so viele Tiere zu essen. Die Bedeutung von Eiweiß hin oder her – ich konnte die ganzen tierischen Produkte nicht mehr sehen, geschweige denn essen. Ich wollte Kohlenhydrate. Ich wollte essen, was mir schmeckt und nicht nur Nahrung zu mir nehmen, damit ich genug Eiweiß im Körper habe. Ich habe mir auch viel Gedanken um die Tiere gemacht: Wie werden sie gehalten, welche Medikamente bekommen sie – will ich eigentlich Tiere essen? Und vor allem: so viel? Ganz abgesehen davon, dass wir mit einem hohen Fleischkonsum die Massentierhaltung ankurbeln, die Legehennen zu Höchstleistungen getrimmt werden und die Co_2-Belastung durch die Tiere immer höher wird.

Wir können unser Eiweiß im Körper selbst herstellen. Dafür sind 20 Aminosäuren nötig. 12 können wir selbst herstellen, 8 müssen wir täglich über die Nahrung zu uns nehmen. Eiweiß ist der Grundbaustein allen Lebens.

Auf der Suche nach alternativen Eiweißquellen

Ich machte mich also auf die Suche nach einer alternativen Eiweißquelle. Die Suche nach vorhandenen Eiweißquellen verlief kurz und ergebnislos: Von Soja bin ich kein großer Fan. In Pflanzen sind die Eiweiße an Gitterstrukturen gebunden. Sie sind daher von unserem Körper schwerer aufzunehmen und wir bräuchten eine große Menge. Zudem enthalten sie oft nicht alle Aminosäuren, die wir selbst nicht herstellen können.

Also doch wieder Fisch, Fleisch und Co.? Leider habe ich nun mal wie so viele, die Gewichtsprobleme haben, einen Stoffwechsel, der viel Eiweiß braucht. Tierisches Eiweiß ist für uns zudem am leichtesten und besten aufzunehmen.

Weil ich keine passende »natürliche« Eiweißquelle fand, begann ich mir Gedanken zu machen, wie Eiweiß im Körper überhaupt gebildet wird und entdeckte dabei, dass Eiweiß im Körper aus 20 verschiedenen Aminosäuren hergestellt wird. Zwölf davon können wir selbst herstellen, acht nicht. Entscheidend ist also gar nicht, das Eiweiß an sich zu sich zu nehmen, sondern diese acht essenziellen Aminosäuren. Den Rest macht der Körper dann allein.

Mit dieser Erkenntnis habe ich mir ein Pulver aus diesen acht Aminosäuren mischen lassen – rein vegan aus Hülsenfrüchten und Rüben. Das Pulver habe ich zum Essen dazu kombiniert – toll, aber das Pulver war etwas unpraktisch. Deshalb habe ich das Pulver pressen lassen und dem Kind einen Namen gegeben: Der Eiweißling war geboren und ich endlich rundum zufrieden.

Ich konnte jetzt zu jedem Essen die acht essenziellen Aminosäuren, die wir brauchen, um die Eiweiße im Körper herzustellen, einfach in Form von Presslingen dazu kombinieren und muss seither nicht mehr so viel (oder wenn ich will auch gar kein) tierisches Eiweiß mehr essen.

Der Eiweißling

Der Eiweißling ist rein vegan aus Hülsenfrüchten und frei von Zusatzstoffen. Er enthält kein Süßungsmittel, keine Aromen und ist vom Körper leicht verwertbar. Hingegen tierische Produkte fordern eine hohe Verdauungsleistung. Der Eiweißling hat also mein eigenes Dilemma mit dem welleat Konzept – einerseits zu wissen, dass ich viel Eiweiß zu mir nehmen soll, andererseits aber nicht zu wissen wie – gelöst. Der Eiweißling ist eine Alternative für jeden, der die acht essenziellen Aminosäuren, aber nicht so viel tierisches Eiweiß zu sich nehmen möchte. Auch für unterwegs, auf Reisen, in Kantinen oder wenn es mal Fast Food sein sollte, bietet der Eiweißling eine hervorragende Möglichkeit, etwas für die eigene Gesundheit zu tun. Der Eiweißling mit den acht essenziellen Aminosäuren bildet im Körper die Eiweiße, er ersetzt nicht andere wertvolle Bestandteile, die im Fleisch enthalten sind, wie z.B. Eisen oder Vitamin B12.

Lebensquelle Eiweiß

Natürlich bleibt Ihnen selbst überlassen, wie Sie sich ernähren. Mir ist nur wichtig: Sie sollen wissen, wie wichtig Eiweiß für uns ist und was Eiweiß alles im Körper bewirkt. Eiweiße sind elementare Bausteine allen Lebens und haben viele Schlüsselfunktionen bei der Gesunderhaltung des Körpers. Sie sind der Stoff, aus dem Körperzellen, Enzyme und Hormone gemacht werden. Zum Erhalt des

Lebensbaustein Eiweiß

Eiweiß brauchen wir im Körper für viele verschiedene Funktionen:

- für den Muskelaufbau
- für den Muskelerhalt
- für den Knochenbau
- für die Bildung von Haut, Haaren und Nägeln
- für das Abwehrsystem
- für die Fettverbrennung
- für ein festes Bindegewebe
- für die Bildung von Enzymen, Hormonen und Vitaminen

Lebens benötigen wir also täglich Eiweiß – das ist Fakt! Nicht umsonst bedeutet Protein an erster Stelle stehend. Wir haben mehr Eiweiß in unserem Körper als alles andere, mit Ausnahme von Wasser. 40 Prozent der Körpertrockenmasse besteht aus Eiweiß. Das heißt, ohne Eiweiß kein Leben.

Wenn wir bedenken, dass in der Muskulatur Fett verbrannt wird, dann sollten wir uns dringend darum kümmern, ausreichend Muskelmasse im Körper zu haben. Muskeln haben immer Hunger auf Eiweiß. Muskeln werden auch als unsere körpereigene Apotheke angesehen, denn hier werden positive Stoffe für uns gebildet Muskeln zu haben lohnt sich.

Sich mit dem Thema Eiweiß und dessen Funktionen im Körper zu beschäftigen, ist nicht nur spannend, sondern hilft auch, schlank, glücklich und gesund zu werden oder zu bleiben.

Sie entscheiden

Ich möchte an Sie appellieren: Wenn Sie Fleisch, Fisch, Eier und andere tierische Eiweißprodukte essen, tun Sie dies bitte bewusst. Die goldene Regel lautet: Wenn tierisches Eiweiß, dann gutes – für Ihre Gesundheit und für die Lebensbedingungen der Tiere.

Das heißt für mich nicht, dass Sie keine tierischen Produkte mehr essen sollen. Aber bitte bewusster und vor allem: Wenn Sie das welleat Konzept lesen und sich künftig mit einem hohen Eiweißgehalt ernähren möchten, sollen auch Sie eine Alternative haben: den Eiweißling. Deswegen gibt es ihn. Sie haben die Wahl.

Gesunde Ernährung – was ist das?

Wir ernähren uns doch scheinbar so vernünftig. Warum fühlen wir uns dann trotzdem häufig schlecht? Irgendetwas stimmt da nicht. Warum die gängigen Ernährungsregeln oft nicht richtig sind und welche Zusammenhänge es zwischen Nahrung, Wohlbefinden und Gesundheit tatsächlich gibt.

Zeit zu handeln

Fast täglich gibt es zum Thema Ernährung eine neue Meldung in der Presse. Was gesunde Ernährung aber tatsächlich ausmacht, ist vielen hingegen gar nicht klar. Meine Freundin fragte mich zum Beispiel: »Wie kann es sein, dass ich immer weniger esse, trotzdem nicht abnehme, und wenn ich mal etwas mehr esse, sofort zunehme? Außerdem habe ich andauernd Bauchweh oder Kopfweh. Ich befinde mich in einem Kreislauf von Hungern, Essen, schlechtem Gewissen und wechselnden körperlichen Beschwerden. Ich habe Angst, dass das immer so bleibt. Und meistens verstehe ich nicht, warum es mir zwischenzeitlich nicht gut geht. Das ist für mich keine Lebensqualität: ständig hungern zu müssen, ein schlechtes Gewissen beim Essen und zugleich Schmerzen zu haben oder mich dick zu finden.« Ich fragte sie, wie sie sich denn ernähre. »Total gesund! Ich esse morgens Müsli, mittags Kartoffeln oder Reis mit Gemüse, Nudeln mit Tomatensoße und abends Vollkornbrot mit Käse. Ich esse auch kaum Fleisch.« Das hört sich auf Anhieb ja ganz gut an, vor allem ist das die »gesunde« Ernährung, die allgemein propagiert wird. Und: Gewichtsfrust und Schmerzen trafen auch auf mich zu. Ich hatte lange keine Erklärung dafür, und das hat mich sehr beschäftigt. Es war genau das Thema, das mich seit so vielen Jahren begleitete und bei dem ich nicht weiterkam.

Eigene Erfahrungen mit Schmerzen

Ich litt seit Jahren unter chronischen Schmerzen in Bauch und Rücken, hatte manchmal starke Kopfschmerzen mit Übelkeit, alle paar Monate einen »Hexenschuss« und jahrelang schon Durchfall – kein

Arzt oder Therapeut konnte mir helfen. Ich habe fast jede nur erdenkliche Untersuchungsmethode über mich ergehen lassen, von Kernspintomographie über Röntgen und diversen Blutuntersuchungen bis zur Magenspiegelung – ohne Erfolg, die Ursache der Schmerzen wurde nicht gefunden. Ein Arzt sagte, es sei psychisch, da könne man nichts machen, ein anderer steckte mir Dauerakupunkturnadeln in den Rücken, die mich bei jeder Bewegung schmerzhaft an meine Schmerzen erinnerten. Ein weiterer diagnostizierte eine Eiweißallergie, was mich sehr viel Kraft gekostet hat. Nach dem Lesen dieses Buches werden Sie verstehen, wie es einem gehen kann, wenn man komplett auf Eiweiß verzichten muss.

Die Schmerzen blieben und brachten mich manchmal zur Verzweiflung. Ich versuchte, meine Rückenmuskeln aufzubauen, denn ich hatte durch meine langjährige Karriere als Handballerin einige Bandscheibenvorwölbungen in der Wirbelsäule. Doch meine Muskeln wollten nicht – es tat noch mehr weh.

Trotz einer »gesunden« Ernährung hatte ich ständig Gewichtsprobleme und Essstörungen in Form von andauerndem Hungern. Obwohl ich regelmäßig fastete – der ewige Kampf mit der Waage blieb. Ich habe nahezu jeden neuen Trend ausprobiert, doch der Erfolg stellte sich nicht ein, und ich hörte wieder auf. Nie kam mir die Idee, ein Buch zu schreiben, denn es gab nichts Positives über das Thema Ernährung und Schmerzen zu berichten. Das ist jetzt anders: Es gibt viel Gutes zu berichten, von mir und meinen Patienten.

Schlank heißt nicht dünn oder dürr, obwohl uns das heute als Idealzustand vermittelt wird. Ich meine mit schlank: ein gesundes Normalgewicht, mit dem man sich körperlich wohlfühlt.

So sieht es heute aus

Ich sitze hier, schreibe dieses Buch – und bin meistens schmerzfrei, schlank und satt. Ich fühle mich leichter, belastbarer und kreativer. Mit großem Erfolg mache ich Entspannungsübungen oder Sport, und ich baue Muskeln auf. Denn mein Körper ist so gut ernährt, dass Schäden am Bewegungsapparat durch Überlastung aufgefangen oder abgemildert werden. Die Erklärung: Ein optimal ernährter Körper braucht nicht zu hungern, um ein angemessenes Gewicht zu haben, und gut ernährte Muskeln sind nicht verspannt, können trainiert werden und tun nicht weh. Endlich!

Die Mischung macht's

Wir müssen wissen, wie wir uns richtig ernähren, damit wir die Nährstoffe bekommen, die wir brauchen. Beim Essen geht es um weit mehr als nur um die Aufnahme von Kalorien. Das können Sie am eigenen Leib spüren. Probieren Sie es einfach aus! Ich möchte Ihnen Mut machen, nicht aufzugeben, denn es gibt bestimmt auch für Sie einen Weg aus dem Gewichtsfrust, weg von Schmerzen und gesundheitlichen Beschwerden. Lesen Sie dieses Buch und probieren Sie es aus. Sie können selbst am meisten für sich tun!

Irgendetwas stimmt da nicht

Wir ernähren uns doch so gesund – mit Obst, Gemüse, Nudeln oder Vollkornprodukten. Warum müssen wir dann trotzdem auf eine ständig schwankende Zahl auf der Waage achten? Und nicht nur das: Warum fühlen wir uns an manchen Tagen unschlagbar fit, geistig klar und körperlich einfach in Topform, an anderen aber, als hätte uns jemand die olympischen Ringe unter die Augen implantiert – wir fühlen uns einfach schlecht. Irgendwas stimmt da nicht. Viele sind ernährungsbewusst, essen gesund und sind trotzdem dick oder haben irgendwelche unerklärlichen Zipperlein oder auch schon manifeste Erkrankungen. Was ist da los? Natürlich kann man die Ernährung nicht als die Lösung all seiner Probleme sehen oder gar denken, man könne seinem Karma entfliehen. Die Aufgabe, die jeder in seinem Leben hat, bleibt dieselbe. Aber ich kann Ihnen versprechen: Es ist einfacher, seine Lebensaufgabe zu erfüllen, wenn Körper und Geist gut ernährt sind und Sie leichteren Schrittes, schwungvoller und mit ruhigem Verstand den Dingen entgegenschauen.

Meine Suche nach der Lösung

In den letzten beiden Jahrzehnten habe ich mit vielen Ärzten, Heilpraktikern, Körper- und Psychotherapeuten gesprochen, weil ich immer mehr wissen wollte und mich eine Information zur nächsten führte. Ich habe in Wartezimmern bei Ärzten nachgeschaut, ob es eine Fachlektüre gab, die ich noch nicht kannte, und habe gehofft, eine Lösung für Schmerzen und Gewichtsprobleme zu finden und dadurch letztendlich mir und meinen Patienten zu helfen. Ich habe unendlich viele Bücher gelesen über Ernährung, Medizin, alternative Medizin, systemische Psychotherapie, Traumatherapie, habe nahezu alles ausprobiert und hatte doch immer nur Teilerfolge – bei mir wie auch bei meinen Patienten. Nicht, dass diese Therapien nicht sinnvoll wären, aber es fehlte mir immer irgendetwas. Schließlich kann eine Physio- oder Psychotherapie nur so gut sein, wie der Patient oder Klient es zulässt oder der Körper es verarbeiten kann. Therapie heißt Neuerung, und die schafft nur ein gestärkter Körper, der gut ernährt ist und sich im Fluss befindet.

Viele Ernährungsratgeber versprechen die Lösung für alle Ernährungsprobleme nach dem Motto: Wenn Sie dieses Buch gelesen haben, wird nichts mehr so sein wie vorher. Es wird so viel darüber geschrieben, nur hilft es kaum jemandem. Im Laufe der Zeit wurde mir klar: Da muss es etwas anderes geben, irgendetwas, das man sich erklären kann. Ich suchte weiter nach Lösungen und Antworten. Die Engel haben es gut mit mir gemeint und ließen mich zur richtigen Zeit am richtigen Ort sein. Ich traf die richtigen Menschen, fand informative Literatur und vertiefte meine Recherchen. Dabei habe ich erstaunliche Dinge über die Zusammenhänge zwischen Nahrung und unserem Befinden herausgefunden.

Deutschland wird dicker. Jedes Jahr. Momentan ist jeder zweiten Erwachsene zu dick. Das ist ungesund und sollte uns zu denken geben.

Die gängigen Ernährungsregeln sind falsch!

Die Regeln »Verzehren Sie viele Kohlenhydrate, wenig Eiweiß und kaum Fett« stimmen nicht mehr. Welche Folgen diese Richtlinien für uns haben, werden Sie verstehen, wenn Sie die hormonelle Reaktion des Körpers auf die Nahrung kennen. Letztlich werden wir dadurch immer dicker, bleiben es auch und entwickeln zudem Zivilisationskrankheiten wie Diabetes, Fettsucht, Herz-Kreislauf-Probleme und wechselnde Alltagsbeschwerden. Diese Zustände können uns müde, schlapp, lustlos und auch depressiv machen. Dann versuchen wir mit Diäten, selbst auferlegten Maßregelungen und vielen Besuchen beim Arzt, diesem Kreislauf zu entkommen – erfolglos, denn wir wissen einfach nicht, wie es genau funktioniert, damit es uns besser geht. Dabei könnte es so leicht sein, denn unsere Ernährung ist ein ganz wesentlicher Einflussfaktor für unser Wohlergehen, unsere Gesundheit und unsere Laune.

Eigentlich weiß man ja, wie es geht, sich gesund zu ernähren – wie oft ich diesen Satz schon gehört habe. »Wie denn?«, lautete sofort meine Gegenfrage. »Na, du weißt schon: viel Gemüse und Obst, Kartoffeln, Nudeln, Vollkornbrot, kaum Fleisch und Fett.« »Nein«, war dann jedes Mal meine Antwort, »wenn das funktionieren würde, wären nicht so viele Menschen dick, krank oder total essgestört, da sie trotz ›gesunder‹ Ernährung ständig zunehmen und wieder abnehmen müssen, wieder zunehmen und wieder abnehmen ... und so weiter, und das mit angeblich gesunden Lebensmitteln, wie Kartoffeln, Nudeln, Vollkornbrot.« Fast jeder, der sich gesund ernähren möchte, hat diese Ernährungsrichtlinien im Kopf, und die meisten haben Probleme, ob mit Gewicht oder mit Gesundheit. Mit der bisher gültigen Ernährungspyramide funktioniert unser Stoffwechsel jedoch nicht, so können wir nicht schlank, körperlich und geistig gesund bleiben oder werden.

Unsere stärkste Medizin: die Nahrung

Im Laufe der Jahre habe ich Informationen darüber zusammengetragen, wie man Nahrung für sich nutzen kann, um einen bestmöglichen körperlichen und geistigen Zustand zu erreichen. Meine Erkenntnisse über die stärkste Medizin, die wir haben – unsere Nahrung – und deren tägliche Umsetzung haben mich reich belohnt. Nicht nur ich habe profitiert, auch meine Patienten: Die Auswirkungen auf Schmerzen, Gewichtsprobleme, Müdigkeit oder andere Probleme waren erstaunlich. Im Verlauf dieses Buches erfahren Sie, was alles durch unsere Nahrung beeinflusst wird.

Der Weg aus dem Diätenkarussell

Lesen Sie auf den folgenden Seiten, welche Informationen ich herausgefunden und gesammelt habe. Sie sind sensationell, denn sie bieten Erklärungen dafür, warum es vielen Menschen nicht so gut geht, wie es möglich sein könnte: warum wir nicht in bestmöglicher körperlicher und geistiger Verfassung sind, und dass wir uns an diesen Zustand schon fast gewöhnt haben, weil wir ihn nicht mehr anders kennen. Mein Buch zeigt einfache, leicht umsetzbare Lösungen, wie Sie aus diesem Kreislauf von Gewichtsfrust, Diäten und körperlichen und geistigen Missempfindungen herauskommen. welleat vermittelt Ihnen vor allem ein Verständnis dafür, wie Nahrung wirkt. Das halte ich für sehr wichtig, denn auf Dauer ist es unbefriedigend, wenn uns bloß gesagt wird, wie wir uns im Alltag richtig ernähren. Erst sollten wir verstehen, warum! Dann können wir das »Wie« auch leichter anwenden.

Das Ziel dieses Buches

Es ist mein Anliegen, Ihnen den Zusammenhang zwischen Nahrung, Wohlbefinden und Gesundheit aufzuzeigen und vor allem zu vermitteln, dass Sie mit einfachem Wissen selbst etwas für sich tun können. Sich richtig gesund zu ernähren ist nicht kompliziert. Meine Lösungen sind leicht umzusetzen und versetzen Sie in die Lage, Ihre körperliche und geistige Gesundheit selbst mitzugestalten und zu kontrollieren, um bestmögliche körperliche und geistige Maximalkraft zu erlangen und somit die Lebensqualität zu erhöhen. Das Wissen um die richtige Ernährung ist in der heutigen stressigen Zeit für die von Leistungsdruck getriebenen, gehetzten und vom Diätenwahn geplagten Menschen unentbehrlich. Damit können Sie im Beruf, im Alltag, in der Be- oder Erziehung besser bestehen – mit gestärkten Nerven, gesünder und schlanker. Es wird deshalb Zeit, dass wir einen Leitfaden bekommen, der übersichtlich, einfach und vor allem umsetzbar ist. Denn ein Körper, der gut ernährt ist, belohnt uns mit Höchstleistungen.

Nahrung hat eine Wirkung. Geben Sie niemals auf – forschen Sie, was für Ihren Körper das Beste ist.

welleat in den USA

In den USA sind die Zusammenhänge, die ich in diesem Buch beschreibe, schon lange bekannt, beliebt und von Millionen erfolgreich umgesetzt. Das Wissen, das mein Buch vermittelt, beruht auf gesicherten Studien, die dort schon seit Jahren großen Erfolg und eine Vielzahl von Essbegeisterten gefunden haben.

Die Umsetzung in meinem Buch basiert auf eigenen Erkenntnissen und den Einsichten, die ich als Therapeutin mit meinen Patienten gewonnen habe. Sie finden Einblicke in meine 25-jährige Erfahrung als Heilpraktikerin, Körpertherapeutin, Neugierige und Forscherin aus Leidenschaft, denn nichts lässt einen mehr forschen als ein Leiden, das einen (fast) schafft.

Was die Nahrung mit uns macht

Jeder Bissen, den wir zu uns nehmen, löst in unserem Körper sofort eine hormonelle Reaktion aus. Welche Hormone im Zusammenhang mit der Ernährung eine Rolle spielen und wie wir uns durch die richtige Zufuhr an Kohlenhydraten, Fetten und Eiweißen ins hormonelle Gleichgewicht bringen.

Hormone: die Hüter unseres Wohlbefindens

Wussten Sie, dass jeder Bissen, den wir zu uns nehmen, sofort eine hormonelle Reaktion im Körper zur Folge hat? Dies war schon der erste große Aha-Moment bei meinen Recherchen, denn es ist von unschätzbarem Wert, wenn man versteht, um welche Hormone es sich handelt und wie sie zu steuern sind, damit sie optimal in unserem Körper wirken. Essen stimuliert die Hormone und die Hormone stimulieren uns. Nahrung wirkt – bei jedem Ma(h)l.

welleat setzt die Nahrung so ein, dass ein günstiges Hormongleichgewicht erreicht wird, insbesondere der Hormone Insulin und Glukagon sowie der Häuptlingshormone, der Eicosanoide.

Es gibt geschätzte 4000 bis 6000 Hormone. 400 Hormone sind uns bekannt, 50 davon sind erforscht. Da ich Sie auf keinen Fall langweilen möchte, schreibe ich in diesem Kapitel nur über die Hormone, die im Zusammenhang mit der Ernährung für Sie wichtig sind. Weitere Hormone – für körperliche und geistige Maximalkraft, für Glück, erfüllten Sex, Zufriedenheit und Gesundheit –, die Sie selbst positiv beeinflussen können, finden Sie ab Seite 152. Sie steuern sie durch Nahrung und Bewegung, durch Gedanken, Taten und Gefühle. Das funktioniert wirklich, Sie werden es sehen.

Je nach Bildungsort im Körper unterscheidet man drei verschiedene Arten von Hormonen.

Hormone: die Botschafter im Körper

Hormone steuern alle Körperabläufe und Körperfunktionen, sie sind also maßgeblich daran beteiligt, wie wir uns körperlich, seelisch und geistig fühlen. Hormone sind Moleküle, die auf unterschiedlichen Wegen, etwa durch das Blut oder über die Nerven, zu den Zellen gelangen, jeweils an einen Rezeptor passen und der Zelle ihre entsprechende Arbeitsanweisung geben.

1. Endokrine Hormone

Sie werden in Drüsen gebildet, wie beispielsweise in der Bauchspeicheldrüse und der Nebenniere, gelangen in die Blutbahn und erreichen über diese ihr Zielorgan. Beispiel: Insulin und Glukagon, Cortisol, Wachstumshormon, Schilddrüsenhormone, Östrogen und Testosteron. Die übergeordnete Kommandozentrale für die Ausschüttung dieser Hormone ist der Hypothalamus, eine Drüse in der Mitte des Gehirns. Der Hypothalamus erhält vom zentralen Nervensystem laufend Updates über Temperatur, Blutdruck und alle Hormonspiegel, und er reagiert dementsprechend mit Signalen zur Ausschüttung der benötigten Hormone.

2. Parakrine Hormone

Diese Hormone werden über kurze Distanzen ausgeschüttet, z. B. vom Hypothalamus an die Hypophyse – einer kirschkerngroßen Drüse, die direkt mit dem Hypothalamus verbunden ist. Sie kommen nicht im Blut vor. Sie benutzen Nerven als Wege. Beispiel: Melatonin, Serotonin.

3. Autokrine Hormone

Sie sind die Urhormone, da sie die kürzeste Distanz an Informationsübertragung zu absolvieren haben – nämlich von Zelle zu Zelle in der direkten Nachbarschaft. Autokrine Hormone sind die wichtigsten Hormone, da sie 60 Billionen Zellen steuern. Sie beeinflussen alle anderen Hormone. Beispiel: Die bisher oft wenig beachteten Eicosanoide, die in der Ernährung im hormonellen Gleichgewicht eine Hauptrolle spielen.

Die drei wichtigsten Hormone in Bezug auf die Nahrungsaufnahme sind: Insulin, Glukagon und Eicosanoide.

Jetzt kommt etwas Theorie, aber da müssen Sie durch ... Auf den folgenden Seiten wird es etwas trockener zugehen, denn ich möchte Sie über ein paar wichtige Begriffe informieren, die Ihnen helfen, das Gesamtkonzept von welleat erfolgreich und problemlos einzusetzen. Danach wird's wieder leichter sein, auch amüsanter, informativer und erstaunlicher. Halten Sie bis dahin durch.

Energie für die Zelle

1. Kohlenhydratzufuhr
2. Signal ans Kleinhirn
3. Bauchspeicheldrüse schüttet Insulin ins Blut.
4. Zucker wird durch Insulin aus dem Blut geschleust.
5. Zucker wird in die Zellen eingeschleust, erzeugt Energie, und die Zelle kann arbeiten.
6. Der Blutzucker sinkt.

Insulin: Regulator des Blutzuckers

Eine der wichtigsten Funktionen von Insulin in Bezug auf die Nahrung ist das rasche Einschleusen von Zucker in Muskel- und Fettzellen. Zu diesem Zweck werden Kohlenhydrate im Körper zu Zucker zerlegt. Kaum haben wir Kohlenhydrate gegessen, registrieren die Geschmacksknospen im Mund »Aha, jetzt kommt Zucker« und senden dies über den Weg der Nerven ans Kleinhirn. Von dort erfolgt sofort eine Rückmeldung an die Bauchspeicheldrüse, die umgehend Insulin ins Blut freisetzt. Das Insulin schleust den Zucker dann aus dem Blut in die Zellen von Leber und Muskeln, wo er zur Energiegewinnung gebraucht wird. Zucker versorgt die Kraftwerke der Zellen, die Mitochondrien, mit Energie (siehe Kasten oben).

Beachte: Die Zuckerreserven, die Insulin einmal hat, gibt es nicht wieder her. Das hat der Körper im Laufe der Evolution in Notzeiten gelernt.

Insulin ist ein Speicherhormon

Die Menge an Zucker, die nicht in Leber und Muskeln abgeladen werden kann, da diese nur eine begrenzte Speicherkapazität haben, wird vom Insulin in die Depots gebracht und dort als Fett gespeichert. D. h., wenn wir zu viele Kohlenhydrate auf einmal essen, also mehr, als wir verbrauchen können, wird der Rest als Fett gespeichert. Wie viel Zucker auf einmal im Blut ankommt und wie viel davon überschüssig ist und als Fett gespeichert wird, hängt davon ab, um welche Kohlenhydrate es sich handelt, denn sie werden unterschiedlich schnell in ihre Grundbausteine zerlegt. Dieser

Aspekt ist von großer Bedeutung (siehe dazu Kapitel »Gute und schlechte Kohlenhydrate«, ab Seite 35). Die begrenzte Speicherkapazität erklärt sich aus der begrenzten Anzahl von Rezeptoren an den Zellen im Körper, an die sich der Zucker binden kann.

Insulin verhindert den Fettabbau

Wenn der Blutzuckerspiegel auf einen kritischen Wert gesunken ist – wir uns im Unterzucker befinden und das Gehirn nach Nahrung schreit –, dann kann der Körper nicht selbst Zucker aus den Depots lösen und dem Gehirn als Nahrung bereitstellen, weil das Speicherhormon Insulin die Zuckerreserven in den Fettdepots verschlossen hat. Das bedeutet, der Körper braucht von außen zugeführten Zucker, um weiterarbeiten zu können, und das bedeutet, er braucht eine neue Zufuhr an Kohlenhydraten.

Ein Bild für die Arbeitsweise von Insulin

Sie bekommen einen großen Korb Süßigkeiten geschenkt und fangen auch gleich an, diese genüsslich zu verspeisen. Doch es ist viel zu viel im Korb, und Sie können nicht alles auf einmal essen. Da Sie aber Angst haben, dass die süße Pracht gestohlen wird, wenn Sie den Korb stehen lassen, packen Sie den Rest in eine Tüte, verschließen sie gut und vertrauen diese Ihrem Partner (Insulin) an.

► Insulin hilft, Fett zu speichern

1. Der Blutzucker sinkt durch Arbeit des Gehirns.
2. Das Gehirn meldet Nahrungsbedarf an.
3. Der Körper versucht, aus Fettzellen Zucker zu lösen.
4. Das ist erfolglos, denn Insulin hat Reserven verschlossen.
5. Das Gehirn sendet stärkeren Impuls.
6. Wir bekommen Hunger, leiden zudem an Konzentrationsschwäche usw.
7. Wir greifen zu Kohlenhydraten, die schnell in Zucker zerlegt werden (= schlechte Kohlenhydrate).

Nachteile von zu hohem Insulin

Physische Nachteile

- Es bringt andere Hormonsysteme aus dem Gleichgewicht, vor allem die Eicosanoide.
- Sie werden oder bleiben dick.
- Sie altern schneller, denn Insulin beschleunigt den Wachstumsfaktor, d. h. es beschleunigt die Zellteilung, bei jeder Zellteilung verkürzen sich die DNA-Stränge, was die Lebensdauer jeder Zelle verkürzt.
- Es erhöht die Insulinresistenz, sodass der Blutzucker steigt. Die Niere scheidet dann Zucker aus, Diabetes ist unweigerlich die Folge.
- Es erhöht die Produktion des schlechten Cholesterins in der Leber und schadet somit dem Herzen.
- Es schwächt die Abwehr, denn es schwächt immunaktive Stoffe wie die T-Zellen.
- Es schwächt die Ausdauer, denn Ausdauer ist Fettverbrennung mit Sauerstoff. Bei hohem Insulin läuft die Verbrennung auf den Reserven der Kohlenhydrate, und die sind schnell erschöpft. Das führt zu Kraftverlust.
- Es verhindert die Zerstörung von Blutverklumpung.
- Es erhöht die Einlagerung von Körperfett.
- Es erhöht die Schmerzübertragung.
- Es verhindert die Ausschüttung von Glukagon, dem Gegenspieler von Insulin.
- Es bewirkt Nervenzellschädigung.
- Es vermindert Fettverbrennung.
- Es verstärkt Gier auf Kohlenhydrate.
- Es erzeugt nur ein kurzes Sättigungsgefühl.
- Es bewirkt Wassereinlagerungen.
- Es erhöht das Risiko zu erkranken.

Psychische Nachteile

- Schlechte Konzentration
- Müdigkeit nach dem Essen
- Stimmungsschwankungen
- Schlechtes Gedächtnis

Haben Sie später wieder Hunger auf etwas Süßes, haben Sie die Rechnung ohne den Wirt gemacht, denn Ihr Partner (Insulin) hat die Charaktereigenschaft, alles zu horten: Er hat die Tüte in den Safe gesperrt, und da bleibt sie auch – »Erst mal«, sagt er. Das Gehirn braucht aber jetzt Zucker – und zwar schnell. An die Vorräte kommen Sie aber nicht heran, also nehmen Sie eine neue Ladung Kohlenhydrate aus Ihrem Vorratsschrank zu sich, in Form von Schokolade, Chips oder Ähnlichem. Hauptsache, es ist ein Kohlenhydrat, das schnell in den Grundbaustein Zucker umgewandelt wird, denn das Gehirn lebt ausschließlich von Zucker und muss ja weiterarbeiten. Schnell muss es gehen.

Eigentlich sind die Zuckerreserven ja noch von der letzten Mahlzeit prall gefüllt, können aber nicht benutzt werden, da das Insulin dies verhindert. Das Gehirn nimmt sich so viel Zucker, wie es für den Moment braucht. Und der Rest? Da beginnt der Kreislauf von vorne: Das Insulin schnappt sich den Zucker, lagert ihn in die Fettdepots und verschließt ihn … Das Insulin ist daher das Hormon, das Körpermasse aufbaut, es ist ein sogenanntes anaboles Hormon.

Kurz gefasst: Insulin

Insulin ist ein Hormon, das in der Bauchspeicheldrüse gebildet wird. Es wird dann ausgeschüttet, wenn wir Kohlenhydrate essen, die alle zu Zucker zerlegt werden. Insulin befördert den Zucker aus dem Blut zu den Zellen des Körpers, indem es die Zellen durchlässig macht für den ankommenden Zucker. Zucker gehört zu den Kohlenhydraten, wie sie in Nudeln, Reis, Süßigkeiten oder Kartoffeln stecken. Je mehr Kohlenhydrate wir essen, desto höher klettert der Insulinspiegel und desto mehr Zucker wird aus dem Blut herausbefördert: Danach fällt der Blutzuckerspiegel immens. Ein niedriger Blutzucker hat negative Auswirkungen auf unsere Konzentration und unser Wohlbefinden, sendet die Signale Hunger und Müdigkeit aus und verhindert außerdem die Ausschüttung weiterer wichtiger Hormone.

Was passiert nachts?

Nachts sinken der Blutzucker- und der Insulinspiegel – eigentlich für den Körper eine gute Voraussetzung, Energie aus den Fettreserven zu lösen, um diese für Reparatur und Regeneration der Zellen zu nutzen. Denn bei niedrigem Insulinspiegel kann der Körper auf Zuckerreserven in den Fettzellen zurückgreifen. Doch was passiert, wenn das Fett ins Blut kommt, die Muskelzellen aber noch prall gefüllt sind mit Zucker vom kohlenhydratreichen Abendessen? Sie sind deshalb voll, weil der Insulinspiegel beim Abendessen durch zu viele Kohlenhydrate zu hoch war und das Insulin die Reserven verschlossen hat. Da wir uns nachts nicht bewegen, besteht kein Energiebedarf, und es gibt drei Möglichkeiten für das Fett: Entweder es wandert zurück in die Depots (wir bleiben also dick), es bleibt im Blut (die Blutfette, das Cholesterin, steigen) oder es wird in den Muskelzellen eingelagert. Langfristig ist eine häufige Folge des permanent erhöhten Insulinspiegels durch die Aufnahme schlechter Kohlenhydrate eine Resistenz der Rezeptoren an den Zielzellen für Insulin, weil sie auf Dauer ermüden (siehe dazu Kapitel »Diabetes«, ab Seite 138).

Wegen der vielen Nachteile dieses zentralen Hormons sollten wir unbedingt darauf achten, dass wir die Insulinausschüttung über die Nahrungsaufnahme kontrollieren. Das ist eines der wichtigsten Ziele von welleat! Die Insulinausschüttung wird stimuliert durch die schlechten Kohlenhydrate und durch zu viele Kalorien, also zu große Portionen von allem.

Glukagon: der Gegenspieler

Die Glukagonausschüttung wird durch den Verzehr von fettarmen Eiweißlieferanten, wie Geflügel, Fisch, fettarme Milchprodukte oder Tofu, stimuliert.

Glukagon ist der Gegenspieler des Insulins. Das Hormon wird in der Bauchspeicheldrüse gebildet und ins Blut ausgeschüttet, wenn wir (fettarme) Eiweißlieferanten verzehren. Glukagon bringt das Eiweiß dann an die im Körper benötigten Stellen. Die Ausschüttung von Glukagon ist für uns von großer Wichtigkeit, denn sie gewährleistet, dass der Blutzuckerspiegel konstant ist. Der Blutzucker ist dann konstant, wenn Insulin und Glukagon zur gleichen Zeit ausgeschüttet werden, und das geschieht, wenn wir Kohlenhydrate und Eiweiß zusammen verzehren. Eine weitere Funktion des Glukagons: Es ist in der Lage, Zuckerreserven aus den Fettdepots zu lösen und zur Energiegewinnung bereitzustellen. Glukagon ist verantwortlich für die optimale Versorgung des Gehirns mit Zucker. Ist der Insulinspiegel im Blut zu hoch, kann das Glukagon nicht arbeiten. Die Glukagonausschüttung wird nämlich durch einen zu hohen Insulinspiegel verhindert!

Ist der Insulinspiegel höher als der von Glukagon, bedeutet das, dass der Blutzucker sinkt, denn durch die Gehirntätigkeit wird ständig Zucker verbraucht, und das Insulin verhindert, dass körpereigene Reserven angetastet werden. Die Folgen haben wir im Kapitel »Insulin« gesehen.

Wird kein Glukagon ausgeschüttet, stellt der Körper Cortisol als Notfallmittel bereit, um den Blutzuckerspiegel anzuheben. Ein hoher Cortisolspiegel hat den Nachteil, dass er Gehirnzellen absterben lässt, die dem Kurzzeitgedächtnis unterliegen. Das heißt, dass ein zu hoher Cortisolspiegel, der als Notmittel eingesetzt wurde, weil nicht genug Glukagon vorhanden war, Gedächtnisverlust zur

Niedriger Blutzucker bedeutet: Konzentrationsstörungen, Müdigkeit, Kopfschmerzen Zerstreutheit, aggressive Stimmung und Heißhunger.

Kurz gefasst: Gegenspieler Insulin – Glukagon

Kohlenhydrate haben Insulinausschüttung zur Folge. Eiweiße haben Glukagonausschüttung zur Folge. Wenn Insulin und Glukagon im Gleichgewicht sind, d.h. wenn sie gleichzeitig ausgeschüttet werden, bleibt der Blutzucker konstant. Dann entfallen alle negativen Folgen von zu hohem Insulin, und bei konstantem Blutzucker werden gute Eicosanoide gebildet, der Stoffwechsel kann auf Hochtouren laufen und wir erreichen körperliche und geistige Maximalkraft. Glukagon führt als Gegenspieler des Insulins zu einer Steigerung des Zuckers im Blut. Es ist in der Lage, Zuckerreserven aus den Fettdepots zu lösen und zur Energiegewinnung bereitzustellen. Außerdem ist es für eine optimale Versorgung des Gehirns mit Zucker zuständig. Kombinieren Sie daher gute Kohlenhydrate und fettarme Eiweißlieferanten bei jedem Essen, um sich in ein Hormongleichgewicht zu bringen, das Ihr Wohlbefinden steigert.

Folge hat. Zu viel Cortisol wird von der Nebennierenrinde auch bei Stress ausgeschüttet. Das Hormon Cortisol zählt zu den sogenannten Glukokortikoiden, deren Spiegel bei Stress steigt (siehe dazu Kapitel »Stress«, ab Seite 132).

Insulin wird ausgeschüttet durch den Verzehr von Kohlenhydraten. Glukagon wird ausgeschüttet durch den Verzehr von Eiweiß. Diese Aussage ist von elementarer Wichtigkeit und wird Sie das ganze Buch über begleiten.

Die Eicosanoide

Eicosanoide sind autokrine Hormone, die nicht im Blut vorkommen, sondern direkt im Gewebe tätig sind. Obwohl ihre Bedeutung erst in den letzten Jahren bekannt wurde, wurde im Jahr 1982 sogar der Medizin-Nobelpreis für wesentliche Arbeiten an den Eicosanoiden vergeben. Die Eicosanoide haben eine sehr kurze Lebensdauer von wenigen Sekunden bis Minuten und werden daher von den Medizinern oft vernachlässigt, denn man kann sie schlecht nachweisen. Sie sind für unseren Körper aber von überaus großer Wichtigkeit, denn sie steuern unser komplettes Hormonsystem, jegliche Vitalfunktionen, das Herz-Kreislauf-System, das Immunsystem, das Zentralnervensystem und den Schlaf-Wach-Rhythmus.

Medikamente wirken auf Eicosanoide

Die stärksten Medikamente, die die Pharmaindustrie entwickelt hat, z.B. Cortison und alle sich auf dem Markt befindenden Schmerzmittel, wirken ausschließlich auf die Eicosanoide. Ein Hormon, das zur Gruppe der Eicosanoide gehört, ist das Prostaglandin. Befindet sich eine Entzündung im Körper, ist der Prostaglandinspiegel stark erhöht. Die Medikamente wirken, indem sie das Hormon unschädlich machen. Das Problem dabei ist nur, dass ein Medikament nicht zwischen gut und schlecht unterscheiden kann und auf diese Weise gute und für uns sehr wichtige Eicosanoide auch unschädlich macht. Das wirft uns dann wieder aus dem Gleichgewicht. Auch eines unserer beliebtesten Kopfschmerzmittel mit dem Wirkstoff Acetylsalicylsäure hat diese Wirkung.

Kurz gefasst: Eicosanoide

Eicosanoide sind Gewebshormone, die einen überaus wichtigen Einfluss auf unsere Gesundheit haben. Sie steuern unser komplettes Hormonsystem, alle 60 Billionen Zellen, die wir haben, unser Immunsystem, den Schlaf-Wach-Rhythmus, das Zentralnervensystem, Herz-Kreislauf-System und jegliche Vitalfunktion. Es gibt gute und schlechte Eicosanoide. Die guten nutzen, die schlechten schaden uns. Die guten werden durch gute Fette gebildet, die schlechten durch die Zufuhr von zu vielen schlechten Kohlenhydraten und von zu vielen schlechten, gesättigten Fetten.

Es gibt gute und schlechte Eicosanoide – solche, die uns nützen und solche, die uns schaden. Eicosanoide stellt der Körper aus ungesättigten Fettsäuren her. In gesundem Maße vorhanden, helfen sie bei vielen Prozessen im Körper: Sie sind z.B. beteiligt an der Regulation von Blutdruck, Blutgerinnung und Herzfunktion, sie schützen die Magen- und Darmschleimhaut gegen zu starke Verdauungssäfte, steuern Entzündungs- und Immunreaktionen und spielen auch bei der Fortpflanzung eine wichtige Rolle. »Schlechte« Eicos bildet der Körper aus der Arachidonsäure (siehe Seite 51). Sind diese als Zuviel im Körper vorhanden, können sie entzündliche Erkrankungen, wie Arthritis, Asthma oder Psoriasis (Schuppenflechte), oder Schmerzen verursachen. Ich bezeichne die Eicosanoide als Häuptlingshormone, denn sie sind die stärkste biologische Waffe, die wir haben.

Wie alle Hormone kommen auch die Eicosanoide als Hormonpaar vor und funktionieren in einer Hormonachse, d.h. es stehen sich Hormone mit entgegengesetzter Wirkung gegenüber.

Eicosanoide und unsere Ernährung

Eicosanoide werden aus essenziellen Fettsäuren gebildet. Essenziell sind sie deswegen, weil der Körper sie nicht selbst herstellen kann. Die guten Eicosanoide brauchen gutes Fett. Gute Fette sind ungesättigte Fette, die bei Raumtemperatur flüssig sind, z. B. Olivenöl. Schlechte Fette sind gesättigte Fette, die bei Raumtemperatur fest sind, z. B. Butter oder Margarine. Je nachdem, wie wir unsere Nahrung zusammenstellen, welche Fette wir essen, bilden sich gute oder schlechte Eicos. Wir brauchen also gute Fette, um gute Eicosanoide zu produzieren, z. B. Olivenöl, Avocado, Nüsse und Krillöl. Außerdem ist ein konstanter Blutzuckerspiegel notwendig, um gute Eicos zu produzieren. Der Blutzuckerspiegel ist dann konstant, wenn eine Hormonbalance zwischen den Hormonen Insulin und Glukagon besteht. Schlechte Eicos werden durch einen hohen Insulinspiegel gebildet. Ein hoher Insulinspiegel ist gegeben, wenn zu viele schlechte Kohlenhydrate verzehrt werden. Schlechte Eicos werden durch schlechte Fette gebildet, z. B. durch fettes, rotes Fleisch, Wurst, Innereien, Butter. Mehr dazu im Kapitel »Fett ist nicht gleich Fett« (siehe Seite 46ff).

Heutzutage nehmen wir leider andere Fettsäuren als früher zu uns. Es werden wesentlich mehr schlechte Fette gegessen, die die Bildung schlechter Eicos zur Folge haben.

Den ersten Teil der etwas trockenen Theorie haben Sie jetzt geschafft – gratuliere! Jetzt kommen noch die für die erfolgreiche Anwendung von welleat wichtigen Makronährstoffe. Halten Sie noch etwas durch, als Belohnung können Sie dann im darauffolgenden Kapitel Ihr neues Wissen umsetzen und endlich über genussvolles Essen lesen.

Makronährstoffe

Makronährstoffe, also Kohlenhydrate, Eiweiß und Fette, sind die Energiebausteine unserer Ernährung. Diese Substanzen, benötigen wir, damit unser Körper mit Energie versorgt wird, um richtig funktionieren zu können. Sie unterscheiden sich von den Mikronährstoffen, den Vitaminen, Mineralstoffen und Spurenelementen, die wir nur in kleinen Mengen zu uns nehmen.

Gute und schlechte Kohlenhydrate

Kohlenhydrate sind als Zucker oder Stärke – das sind lange Ketten aus Zuckermolekülen – in unseren Lebensmitteln enthalten. Sie sind wichtig für uns, da sie uns die nötige Energie bereitstellen, die unser Gehirn und unsere Muskeln zum Leben brauchen. Alle Kohlenhydrate werden bei der Verdauung in ihren Grundbaustein Zucker zerlegt. Je nach molekularem Aufbau werden die einen sofort beim Verzehr zerlegt, die anderen erst in der Leber. In unserer Nahrung gibt es drei Arten von diesem einfachen Zucker: Glukose – sie ist der Traubenzucker in Getreide, Brot, Teigwaren, Gemüse und Stärke. Die Fruktose ist der Fruchtzucker in Obst. Die Galaktose ist der Milchzucker in Milch und Milchprodukten.

Überschüssige Kohlenhydrate enden als überschüssiges Fett! Denken Sie bitte daran, wenn Sie das nächste Mal zu einer fettfreien Reiswaffel greifen.

Was zählt zu den Kohlenhydraten?

1. Alle Getreide sowie deren Produkte: Brot, Gebäck, Nudeln, Reiswaffeln
2. Gemüse und Kartoffeln
3. Obst
4. Hülsenfrüchte
5. Zucker, braun, weiß, Kandiszucker usw.
6. Süßungsmittel, Honig, Ahornsirup usw.
7. Alle süßen Getränke: Cola, Apfelschorle usw.
8. Jeder Alkohol
9. Alle Süßigkeiten

Die Energiegewinnung für den Körper

Zucker dient der Energiegewinnung für Muskeln und als Nahrung für unser Gehirn. Ein Drittel des Zuckers wird in der Leber gespeichert, zwei Drittel in den Muskeln. Wenn der Zucker durch den Verzehr von Kohlenhydraten in den Blutkreislauf einströmt, wird Insulin ausgeschüttet. Dieses Hormon bringt den Zucker zur Energiegewinnung zu den vorgesehenen Speichern in Leber und Muskeln. Die Speicherkapazität an Zucker in Muskeln und Leber ist begrenzt. Was ist also mit den Kohlenhydraten, die zu viel verzehrt wurden und nicht in Form von Zucker in Leber oder Muskeln gespeichert werden können? Es bleibt nur eine Möglichkeit: Die restlichen Kohlenhydrate werden vom Insulin in die Fettdepots gebracht.

Die Zuckerreserven der Leber müssen regelmäßig aufgefüllt werden, denn das Gehirn hat keinen Zugriff auf die Reserven in den Muskeln, es wird ausschließlich ernährt von Zucker, der in der Leber gespeichert ist. Demnach müssen wir Kohlenhydrate vor allem deshalb essen, damit unser Gehirn auf Hochtouren laufen kann. Damit es

Welche Kohlenhydrate sind gut?

Gute Kohlenhydrate

Sie haben einen niedrigen Blutzuckerindex, werden daher nur langsam in ihren Grundbaustein Zucker zerlegt und gelangen nur langsam in das Blut. Obst, Gemüse, Salat, Kräuter oder Hülsenfrüchte enthalten gute Kohlenhydrate. Regelmäßig, aber in Maßen zu verwenden sind Vollkornnudeln, -reis, -brot, Naturreis, Kochdinkel, Quinoa, Amaranth und Hirse.

Schlechte Kohlenhydrate

Sie haben einen hohen Blutzuckerindex. Dazu zählen z. B. Kartoffeln und alle Produkte daraus, wie Pommes, Chips, Kroketten. Auch raffiniertes Getreide und alle Produkte, die daraus hergestellt werden, haben einen hohen Blutzuckerindex, wie z. B. Brot, Nudeln, Müsli, Kuchen, Gebäck. Außerdem zählen geschälter, weißer Reis, Alkohol, Fruchtsäfte und getrocknete Früchte dazu.

kontinuierlich mit Zucker versorgt wird und es zu keinen Versorgungseinbrüchen kommt, ist es von großer Bedeutung, welche Kohlenhydrate wir zu uns nehmen. Ob die Kohlenhydrate gut oder schlecht sind, hängt von ihrem Blutzuckerindex ab.

Der Blutzuckerindex

Der Blutzuckerindex bezeichnet die Aufnahmegeschwindigkeit der Kohlenhydrate in den Blutkreislauf, also wie schnell oder langsam die Kohlenhydrate in Zucker zerlegt werden und dann in den Blutkreislauf gelangen. Eine schnelle Aufnahme hat eine große Insulinausschüttung zur Folge – langfristig mit ungünstigen Auswirkungen. Eine langsame Aufnahme ist dagegen für den Stoffwechsel günstig, da nur eine geringe Insulinausschüttung erfolgt und der Blutzucker insgesamt konstant bleibt. Der Blutzuckerindex wird beeinflusst durch die molekulare Struktur, also den Aufbau des Zuckers in der Nahrung, sprich die Art des Zuckers: Glukose, Fruktose oder Galaktose. Außerdem ist es wichtig, ob bei dem Lebensmittel Faseranteile vorhanden sind oder nicht. Obst hat Faseranteile, und der Fruchtzucker gelangt langsamer ins Blut, weil die Faseranteile bremsend wirken. Anders dagegen Obstsaft, dem die Faseranteile durch das Saftpressen entzogen wurden: Der Saft rauscht als schneller Zucker ungebremst in den Blutkreislauf, was eine hohe Insulinausschüttung zur Folge hat. Vollkornprodukte wiederum haben einen hohen Faseranteil, daher gelangen sie nicht so schnell ins Blut; für den Körper wertvoll sind sie außerdem, weil sie noch viele wichtige Mineralien und Spurenelemente besitzen.

Tipp: Fragen Sie Ihren Bäcker, ob er ein Brot aus 100 Prozent Vollkorn hat, denn es ist erlaubt, ein Brot als Vollkorn zu bezeichnen, auch wenn es Weißmehl enthält. Das Essener Brot ist übrigens das einzige Brot, bei dem ein Teil der Kohlenhydrate in Eiweiß umgewandelt wurde.

Getreide, Obst und Hülsenfrüchte

Getreide

Je höher der Faseranteil, desto langsamer geht der Zucker ins Blut. Das bedeutet: Alle unraffinierten Vollkornprodukte wie Vollkornbrot, Vollkornnudeln, Naturreis, Hirse oder Amaranth sind vorzuziehen, denn in diesen Produkten stecken viele wertvolle Mineralien (Magnesium, Eisen, Zink, Kalium und Natrium) und wichtige Spurenelemente (Mangan, Molybdän, Chrom, Selen und Silizium). Bei Getreideprodukten gilt ebenso wie bei Hülsenfrüchten: Beide

Die kreative Vollkornküche

Probieren Sie mal etwas Neues aus, es gibt mehr als nur Nudeln oder Reis. Für viele in der Küche unbekannt sind: Kochdinkel, Quinoa, Amaranth, Hirse, Bulgur, Grünkern oder Buchweizen. Im Bioladen finden Sie eine große Auswahl von neuen Möglichkeiten, auch Supermärkte und viele Drogeriemärkte bieten mittlerweile kontrollierte, biologische Waren an.

Lebensmittel besitzen sehr wertvolles Eiweiß, trotzdem werden sie überwiegend als Kohlenhydrate verstoffwechselt, was einen Insulinausschlag zur Folge hat. Deshalb denken Sie bitte daran, auch bei diesen Nahrungsmitteln etwas gutes Eiweiß dazu zu verzehren und Vollkornprodukte regelmäßig, aber in Maßen zu essen.

Obst und Salat

Obst in seiner natürlichen Form ist Obstsäften vorzuziehen, da Säften die Faserstoffe fehlen, sie deshalb sofort in Zucker umgewandelt werden und ungebremst ins Blut sausen. Also hat der vermeintlich gute frische Orangensaft am Morgen negative Folgen für den ganzen Tag, da er einen hohen Insulinspiegel bewirkt. Generell ist heimisches Obst wegen der kurzen Transportwege vorzuziehen. Es muss weder nachreifen noch kommt es bei uns schon welk an. Ich empfehle, abends auf (rohes) Obst, Salat und Rohkost zu verzichten, da diese nicht mehr vollständig verdaut werden. Sie gären und bilden Säure, die in Fett und Fuselalkohole umgewandelt wird. Diese belasten den Körper. Wenn Sie folgende Symptome an sich kennen, vertragen Sie abends keine Rohkost: Antriebslosigkeit am Morgen, dicke Augen, Blähungen und Gewichtsprobleme.

Fruchtzucker, also der Zucker in jedem Obst, ist auch Zucker. Das bedeutet: Wenn Sie abnehmen möchten, essen Sie nicht Obst in großen Mengen, sondern behandeln Sie Obst wie Süßigkeiten.

Hülsenfrüchte

Sie mögen jetzt vielleicht sagen: Hülsenfrüchte zählen doch zu den pflanzlichen Eiweißen. Das stimmt eigentlich auch, denn Hülsenfrüchte haben einen hohen Anteil an Eiweiß, sie haben aber einen noch höheren Anteil an Kohlenhydraten, und beim Verzehr von Hülsenfrüchten wird Insulin ausgeschüttet. Trotzdem zählen Hülsenfrüchte zu den Lebensmitteln mit guten Kohlenhydraten, denn die Insulinausschüttung ist mäßig. Zu den gängigen Hülsenfrüchten zählen Kichererbsen, Linsen (rote, gelbe, braune), Bohnen und Erbsen. Leider sind sie nicht mehr in vielen Küchen zu finden, obwohl sie so köstlich sind und uns durch ihre wertvollen Inhaltsstoffe gut ernähren, lange sättigen und nicht dick machen.

Ein großer Teller Nudeln

Segen oder Fluch? Sie essen einen so beliebten, ja auch »gesunden« großen Teller Hartweizennudeln. Da Sie ja gesundheitsbewusst sind, essen Sie die Nudeln mit Gemüse oder Pesto. Das gilt genauso für Kartoffeln mit Gemüse oder Reis mit Gemüse. Alle drei sind reine Kohlenhydratmahlzeiten. Ich betone das immer wieder, denn meine Erfahrung aus der Praxis zeigt, dass die meisten Menschen denken, sie tun sich damit etwas Gutes und Gesundes. Ein Tipp für Vollkornnudeln: Ich empfehle Dinkelvollkornnudeln als Spaghetti, Penne, Bandnudeln o. Ä. Sie sind ziemlich hell und schmecken wunderbar. Die ganz dunklen Vollkornnudeln sind schlecht für »Vollkornbeginner«, denn sie schmecken sehr intensiv, und wenn Sie sie auf den Tisch bringen, kann es sein, dass es das letzte Mal war.

Probieren Sie doch auch mal Kamut-Nudeln! Sie werden aus dem unverfäschten Ur-Weizen hergestellt und haben weniger Gluten und mehr Eiweiß als Weizen.

Was genau passiert

Nudeln bestehen aus Stärke, und Stärke besteht chemisch aus Zucker. Dieser Zucker hat die Eigenschaft, schnell ins Blut zu gehen. Die Folge ist ein schnell erhöhter Blutzucker. Der Körper reagiert sofort, denn er will den Blutzuckerspiegel so konstant wie möglich halten, und es kommt zu einer schnellen, überschießenden Ausschüttung von Insulin. Insulin schleust den Zucker aus dem Blut in Leber und Muskeln zur Energiegewinnung, denn das Gehirn lebt ausschließlich von Zucker, den Leber und Blut bereithalten. Die Leber kann nur eine bestimmte Menge an Zucker speichern, d. h., jeder weitere Zucker, der im Blut noch vorhanden ist, wird vom Insulin, dem Speicherhormon, in die Depots gebracht und dort als Fett gelagert. 2 bis 3 Stunden nach dem Nudelessen ist der Blut-

Kurz gefasst: Kohlenhydrate

Schlechte Kohlenhydrate sollten stark reduziert oder vermieden werden, da sie eine hohe Insulinausschüttung zur Folge haben, mit allen beschriebenen Nachteilen. Verringern oder meiden Sie: Weißmehl, alle raffinierten Getreideprodukte, weißen Zucker, Kartoffeln, Reis, Softdrinks, versteckte Zucker, Berge von Nudeln, Alkohol, Trockenfrüchte. Greifen Sie zu bei: Obst, Gemüse, Hülsenfrüchten, Salat und Kräutern. Greifen Sie regelmäßig, aber in Maßen zu bei Vollkornbrot, Vollkornnudeln und Naturreis.
Merke: Überschüssige Kohlenhydrate enden als überschüssiges Fett und machen krank, dick und müde.

Die Kohlenhydratfalle! Je mehr Kohlenhydrate wir essen, desto größer wird unser Hunger nach Kohlenhydraten, desto dicker, kränker und müder werden wir.

zucker an einem kritischen Punkt und das Gehirn schreit nach Futter. Weil der Insulinspiegel immer noch hoch ist, kann der Körper nicht selbst Zucker bereitstellen, indem er ihn aus den Fettdepots holt, denn das verhindert das Speicherhormon Insulin. Sie erinnern sich? Was das Insulin einmal hat, gibt es nicht wieder her – nach dem Motto: »Wer weiß, welch harte Zeiten noch kommen.« Das Gehirn gerät in Unterzuckerung, ein »Notfall«. Dies äußert sich durch extrem großen Hunger oder auch Übelkeit. Auch Kopfschmerzen, Unkonzentriertheit, Gereiztheit, Müdigkeit und vieles mehr können Symptome sein. Für uns besteht dann nur noch eine Möglichkeit, nämlich schnell zu Kohlenhydraten zu greifen, die rasch wieder Zucker bereitstellen, z. B. Schokolade, Chips, Kuchen oder dergleichen. Sofort erhält das Hirn wieder Nahrung. Was ist aber mit dem Rest Zucker im Blut, der nicht in Leber und Muskeln passt, da diese nur eine begrenzte Speicherkapazität haben? Nun beginnt das Spiel von vorne: hohe Insulinausschüttung, Blutzuckerabfall, Rest des Blutzuckers speichern als Fett, 2 bis 3 Stunden später kritischer Wert des Blutzuckers, Gehirn schreit nach Futter, Griff nach Schokolade ... und so weiter – die typische Kohlenhydratfalle, und alles nur, weil Sie gerne Ihren geliebten Teller Nudeln mit Gemüse essen wollten.

Ohne Eiweiß kein Leben

Eiweiß (Protein) ist der Grundbaustein allen Lebens. In unserem Körper kommt es in größeren Mengen vor als jede andere Substanz, mit Ausnahme von Wasser. Die Hälfte der Körpertrockenmasse besteht aus Eiweiß, dazu zählen Muskeln, Haut, Haare, Augen, Nägel. Ob sie als Hormone Botschaften übermitteln oder als Antikörper Krankheitskeime abwehren – Eiweiße sind Bestandteil vieler Körperstrukturen. Keine andere Nährstoffgruppe stellt so viele lebenswichtige Stoffe her wie sie. Protein heißt: an erster Stelle stehend!

Acht der 20 Aminosäuren können nicht selbst vom Körper hergestellt werden. Diese sogenannten essenziellen Aminosäuren müssen täglich durch die Nahrung zugeführt werden. Bei Kindern und Jugendlichen sind es sogar zehn essenzielle Aminosäuren.

Was sind Proteine?

Proteine werden gebildet aus einer Kette von Aminosäuren. Aminosäuren sind also die Eiweißbausteine. 20 verschiedene Aminosäuren stehen als Kettenmitglieder zur Verfügung. Je nach Reihenfolge der Aminosäuren ist festgelegt, ob das Protein als Enzym, Hormon oder als Fingernagel zum Einsatz kommt. Die Baupläne für die einzelnen Eiweiße sind in unserer Erbsubstanz festgelegt.

Leicht verwertbare Eiweiße

Als qualitativ hochwertig gelten solche Nahrungseiweiße, die besonders viele essenzielle Aminosäuren haben. Bei dieser Betrachtung schneiden tierische Eiweiße und Soja beträchtlich besser

Der Weg des Eiweißes im Körper

1. Eiweißaufnahme durch die Nahrung
2. Zerlegung des Eiweißes im Magen in Aminosäuren durch spezielle Enzyme
3. Zerlegung der Aminosäureketten im Zwölffingerdarm durch weitere Enzyme
4. Über den Darm gelangen die einzelnen Aminosäuren dann direkt ins Blut.
5. Vom Blut gelangen sie in die Körperzellen.
6. Körperzellen bilden neue Eiweiße aus den Aminosäuren.

Wofür wir Eiweiße brauchen

Was alles aus Eiweißen im Körper gebildet wird und welchen Nutzen wir davon haben können:

- Muskelaufbau – dadurch mehr Fettverbrennung
- Muskelerhalt – ganz wichtig im Alter, weil im Alter Muskeln abgebaut werden
- Erhalt aller Organe – Organe bestehen aus Muskulatur
- Knochenerhalt – Reduzierung der Knochenbruchgefahr
- Bildung von Enzymen – wichtig für lebensnotwendige Abläufe im Körper
- Bildung von Vitaminen – für ein gutes Abwehrsystem
- Bildung von Hormonen – Botenstoffe, die Anweisungen an die Organe geben
- Bildung von Antikörpern – Abwehrstoffe zur Verteidigung von Eindringlingen
- Stabilisierung des Blutzuckers – daher Reduzierung von Heißhunger und Müdigkeit nach dem Essen
- Stütz- und Gerüstfunktion – für schöne Haut, Haare, Nägel und ein festes Bindegewebe

ab als pflanzliche Eiweiße, denn dem Fleisch fehlen die Faserstoffe (Ballaststoffe), sodass sie effektiver verdaut werden. Pflanzliche Eiweiße haben ein dichtes Fasernetz und daher eine schlechtere Ausbeute der Eiweiße bei der Verdauung. Es ist, als ob Sie einen Teil des Eiweißes gar nicht gegessen hätten. Das heißt, dass Vegetarier letztlich eine größere Menge an Eiweißen brauchen, um ihren täglichen Bedarf zu decken. Außerdem ist Vegetariern dringend zu empfehlen, zusätzlich Eiweiße zu verzehren, deren Fasern entfernt wurden, wie isoliertes Sojaeiweißpulver, Reiseiweißpulver oder Eiweißlinge. Trotzdem dürfen Lebensmittel wie Getreide oder Hülsenfrüchte nicht im Speiseplan fehlen, denn sie enthalten zwar insgesamt weniger Eiweiß, dafür aber kaum Fett und kein Cholesterin, und sie liefern gute Kohlenhydrate.

Nicht zu viel und nicht zu wenig Eiweiß

Wir müssen täglich Eiweiß mit der Nahrung zuführen, um nicht an Eiweißmangel zu leiden. Erstaunlicherweise leiden trotz (wegen) kalorienreicher Ernährung viele Menschen an Eiweißmangel, denn gesättigtes Fett verhindert die Ausnutzung des Eiweißes für unseren Körper, d. h. Schweinebraten und Wurst machen uns dick und ernähren uns nicht mit Eiweiß. Ist der Körper an Eiweiß mangelernährt, passiert Folgendes: Der Körper knabbert sich selbst an, d. h. er löst aus den Muskeln das Eiweiß heraus und ersetzt diese Lücken mit Fett. Wir verfetten. Und das ist lebensgefährlich. Ich kann mich nur wiederholen: Nicht Eiweiß macht fett, sondern tierisches gesättigtes Fett.

Eiweiß und Bewegung machen schlank, denn sie kurbeln die »Schlankhormone« an.

Wir haben im Kapitel »Glukagon« gesehen, dass der Verzehr von Eiweiß Glukagon ausschüttet, den Gegenspieler vom Insulin. Das bedeutet: Wird zu wenig Eiweiß verzehrt, haben wir automatisch einen erhöhten Insulinspiegel mit allen negativen Auswirkungen. Das soll niemanden dazu motivieren, eine Eiweißmast zu betreiben, denn der Körper braucht Eiweiß nur in gewissen Mengen, aber vor allem regelmäßig.

Gute und schlechte Eiweiße

+

- Huhn ohne Haut
- Pute
- Truthahn
- Magerer Schinken
- Putenschinken
- Mageres Fleisch vom Lamm, Rind
- Lachs
- Thunfisch
- Makrele
- Fettarmer Käse
- Fettarmer Quark
- Hüttenkäse
- Eier
- Soja
- Tofu
- Tofuprodukte
- Harzer Käse

–

- Fettes rotes Fleisch
- Eigelb (in Maßen)
- Wurst (viele versteckte Fette, also Säure)
- Innereien

Welche Eiweiße nützen?

Wie viel Eiweiß jeder braucht, ist unterschiedlich und wird im Kapitel »Das welleat Konzept« erklärt. Es ist auch entscheidend, um welches Eiweiß es sich handelt. Denn auch beim Eiweiß unterscheidet man zwischen gut und schlecht.

Bei Fleisch gilt: Mageres Fleisch ist ein guter Eiweißlieferant, denn es enthält wenig Fett, viel Eiweiß, wird vom Körper leicht aufgenommen und bildet kaum Säuren. Fettes Fleisch ist ein schlechter Eiweißlieferant, denn bei seiner Zerlegung im Körper wird viel Säure gebildet. Dabei handelt es sich um Arachidonsäure, die der Grundbaustein für die Bildung der schlechten Eicosanoide ist und unser Gewebe übersäuert. Denn nur tierisches, gesättigtes Fett macht uns fett – nicht Eiweiß (siehe dazu das Kapitel »Der Säure-Basen-Haushalt«, ab Seite 89).

Bei Fisch gilt: Je fetter, desto besser, da fetter Fisch die für uns so wertvollen Omega-3-Fettsäuren enthält. Das heißt nicht, dass Sie nur fetten Fisch essen sollen, aber in Bezug auf die wichtigen Omega-3-Fettsäuren sind die fetten Fische besser (siehe dazu Kapitel »Omega-3-Fettsäuren«, ab Seite 49). Wie das Verhältnis von Kohlenhydraten zu Eiweißen genau aussieht, damit Sie eine Hormonbalance von Insulin und Glukagon bekommen, erfahren Sie im Kapitel »Das welleat Konzept«, ab Seite 56.

Vegetarier / Veganer

Momentan ist es ein großer Trend, sich vegan oder vegetarisch zu ernähren. Für die Ökologie und die Tiere finde ich das sehr gut. Wenn Sie diese Ernährungsweise gewählt haben, dann empfehle ich Ihnen, ganz besonders darauf zu achten, dass Sie ausreichend Eiweiß zu sich nehmen. Hier möchte ich noch mal betonen: Pflanzliche Eiweiße sind für uns schwerer aufzunehmen. Wir brauchen davon größere Mengen. Bei Tofu beachten Sie bitte, dass Tofu pflanzliche Östrogene enthalten. Das sind Hormone und Hormone haben eine Wirkung.

Der Eiweißling – eine Alternative

Wichtig ist es, dass Sie bei jeder Mahlzeit gutes Eiweiß zu den Kohlenhydraten kombinieren, um im Hormongleichgewicht von Insulin und Glukagon zu bleiben und dadurch einen stark abfallenden Blutzuckerspiegel zu vermeiden. Wenn es zu den Mahlzeiten keine guten Eiweißlieferanten gibt, können Sie das Eiweiß durch gepresstes, handliches Eiweiß in Form eines Eiweißlings oder durch Eiweißpulver ersetzen.

Was ist der Eiweißling?

Der Eiweißling besteht aus den 8 essenziellen Aminosäuren, die der Körper selbst nicht herstellen kann, aber braucht, um die Eiweiße im Körper zu bilden. Er ist rein vegan. Der Eiweißling ist kein Eiweiß. Er hat nur die Bausteine, die fehlen, um das Eiweiß im Körper zu bilden. Er kann bei jedem Essen, wenn kein Eiweiß verzehrt wird, oder Sie kein Eiweiß essen wollen, dazu kombiniert werden. Dafür nehmen Sie 4 Eiweißlinge mit etwas Wasser zur Mahlzeit ein.

Wichtige Anmerkungen zum Eiweißverzehr

Nicht jeder Mensch verträgt jedes Eiweiß, und dennoch braucht jeder Mensch Eiweiße, also Aminosäuren. Finden Sie für sich heraus, welches Eiweiß Ihnen gut bekommt.

Es gibt viele, die keine Kuhmilchprodukte vertragen, aber mit Ziegen- und Schafmilchprodukten bestens zurechtkommen. Dahinter kann eine Milcheiweißunverträglichkeit stecken, aber auch eine Laktoseintoleranz. Lassen Sie sich von Ihrem Arzt durchchecken und abklären, worum es sich bei Ihnen handelt.

In welleat wird immer wieder Hüttenkäse erwähnt. Er ist eine gute fettarme Eiweißquelle. Jeden Tag eine Portion und dann mal wieder ein paar Tage Pause, das ist in Ordnung. Aber auch nur für die, die Kuhmilchprodukte vertragen.

Mageres Fleisch kann für uns eine wunderbare Eiweißquelle sein, aber auch hier gilt: nicht für jeden. Wenn Sie zu Entzündungen neigen oder krank sind, sollten Sie wenig Fleisch essen. In den Proteinen stecken viele saure Mineralstoffe, die durch körpereigene Mineralien neutralisiert werden müssen. Das führt dann zur Übersäuerung, die krank und übergewichtig macht.

Kurz gefasst: Eiweiß

Eiweiß ist ein wichtiger Makronährstoff, denn er kommt in unserem Körper in größeren Mengen vor als jede andere Substanz mit Ausnahme von Wasser. Eiweiß ist der Grundbaustein allen Lebens. Ohne es gibt es kein Leben. Je mehr Eiweiß wir im Körper haben, desto besser funktioniert er. Aus Eiweißen, die wir über die Nahrung zu uns nehmen, werden Hormone, Muskeln, Enzyme, Antikörper, Haut, Haare und vieles mehr gebildet. Wir brauchen täglich Eiweiß, um all diese Substanzen und Strukturen im Körper herzustellen, und auch, um sie zu reparieren. Es gibt für uns gute und schlechte Eiweißlieferanten. Gute Eiweißlieferanten sind fettarm, wie mageres Fleisch, schlechte Eiweißlieferanten sind fett, wie fettes rotes Fleisch. Dieses Fett verhindert die Aufnahme des Eiweißes für unseren Körper und hat zusätzlich alle Nachteile von schlechtem Fett. Wichtig für die Aufnahme des Eiweißes ist, dass der Körper ausreichend mit dem Vitamin-B-Komplex versorgt ist, denn B-Vitamine gewährleisten die optimale Eiweißverwertung.

Fett ist nicht gleich Fett

In unserem Körper ist Fett der beste Energiespeicher, den wir haben. Fett hält warm. Fett hält unsere inneren Organe an ihrem Platz. Fett lässt uns in Notzeiten überleben. Fett ist Schutzpolster, z. B. an Ferse und Gesäß. Zellmembranen werden aus Fett gebildet. Fett ist der wichtigste Baustein des Gehirns, der Nerven und vor allem: Fett ist der wichtigste Baustein für die Bildung guter Eicosanoide.

Die drei Arten von Nahrungsfetten

Gesättigtes Fett

Es wird so genannt, da seine Fettsäuren mit Wasserstoff abgesättigt sind. Sie sind träge, gehen keine Verbindung ein und gehen direkt auf die Hüften. Die meisten tierischen Fette sind gesättigt und erstarren bei Raumtemperatur. Beispiele: Butter, fetter Käse, Fett in Wurst und viele mehr.

Einfach ungesättigtes Fett

Es ist bei Raumtemperatur flüssig und im Kühlschrank fest. Beispiele: Olivenöl, Rapsöl, Mandelöl.

Mehrfach ungesättigtes Fett

Es bleibt immer flüssig. Beispiele: Öle aus Leinsamen, Distel, Walnüssen, Weizenkeimen.

Gute und schlechte Fette

Es gibt gute und schlechte Fette, sie beeinflussen unseren Stoffwechsel. Gute Fette sind einfach und mehrfach ungesättigt. Sie sind die Bausteine für gute Eicosanoide – die Häuptlingshormone, die unsere 60 Billionen Zellen steuern. Gute Fette sorgen für einen guten Stoffwechsel. Schlechte Fette bedingen einen schlechten Stoffwechsel. Schlechte Fette sind gesättigte Fette und die Bausteine für schlechte Eicosanoide.

Unser Stoffwechsel ist dann gut, wenn die Nährstoffe, die in den Blutkreislauf einströmen, in die Zelle wechseln können und auch wieder aus ihr heraus. Die Zellmembran, die jede unserer 60 Billionen Zellen umgibt, wird aus Fett gebildet. Da auch die Zellmembran sich dauernd erneuert, braucht sie ständig neues Material für ihren Auf- und Umbau. Die Membran baut ein, was ihr zugeführt wird – gute Fette oder schlechte Fette.

Guter und schlechter Stoffwechsel

Ein guter Stoffwechsel ist dann gewährleistet, wenn die Zellmembran aus guten Fetten gebaut und dadurch dünn und elastisch ist. Ein schlechter Stoffwechsel besteht dann, wenn die Membran aus schlechten Fetten gebaut ist, die sie dick und unelastisch machen. Sie »verstopft«. Ein ungenügender Nährstoffaustausch – schlechter Stoffwechsel – ist die Folge. Diese Minderversorgung der Zellen führt zu Unwohlsein und Krankheit, denn die Zelle kann

nicht mehr arbeiten. Es sind alle Zellen im Körper betroffen, denn alle haben eine Membran. Also hat das auch Auswirkungen auf die Insulinrezeptoren, wenn zu viel schlechtes Fett verzehrt wird, denn das führt zu Insulinresistenz und letztendlich zu Typ-2-Diabetes.

So erscheint es doch logisch, wesentlich mehr gute als schlechte Fette zu verzehren, denn gute Fette halten die Zellwände dünn und elastisch. Wenn wir uns daran halten, haben wir einen guten Stoffwechsel mit allen positiven Folgen, wie körperliche und geistige Maximalkraft, denn alle Zellen sind gut mit Sauerstoff und Nährstoffen versorgt und können ihre maximale Arbeit verrichten. Und nicht zu vergessen: Läuft unser Stoffwechsel optimal, wird die Nahrung, die wir zu uns nehmen, besser aufgenommen und verarbeitet, d. h., wir können mehr essen und haben trotzdem weniger Figurprobleme – wenn der Einsatz nicht lohnt!

Fette und der Blutzuckerspiegel

Fette haben keine direkte Wirkung auf die Ausschüttung von Insulin und Glukagon, also auf den Blutzuckerspiegel, sondern sie haben eine indirekte Wirkung auf den Blutzuckerspiegel. Das äußert sich

Gute und schlechte Fette

Gute Fette

- Olivenöl
- Rapsöl
- Leinöl
- Mandelöl
- Erdnussöl
- Mandeln
- Avocado
- Erdnüsse
- Walnüsse
- Macadamianüsse
- Erdnussbutter pur
- Tahin

Schlechte Fette

- Butter
- Sahne
- Rahmkäse
- Sauerrahm
- Schweineschmalz
- gehärtete Pflanzenfette
- gesättigte Fette in fettem rotem Fleisch

so, dass gute Fette die Aufnahmegeschwindigkeit von Kohlenhydraten in den Blutkreislauf verlangsamen. D. h.: Verzehren wir zu Brot oder anderen ungünstigen Kohlenhydraten etwas gutes Fett wie Avocados oder Olivenöl, können wir die Aufnahmegeschwindigkeit des Zuckers ins Blut etwas verlangsamen, und das Insulin wird nicht so schnell aus der Bauchspeicheldrüse ausgeschüttet.

Essen Sie, wenn Sie schlechte Kohlenhydrate zu sich nehmen, immer zu Ihrem Eiweiß auch noch etwas gutes Fett.

Schlechte Fette und Eiweiß

Leider verhindert träges, gesättigtes Fett, dass das Eiweiß vom Körper vollständig aufgenommen wird. D. h., der so beliebte Schweinebraten oder Fleischkäse ist für uns keine hochwertige Eiweißquelle. Das ist nur bei fettarmen Eiweißlieferanten wie beispielsweise Geflügel oder fettarmem Quark oder Käse der Fall. Es ist wichtig zu wissen, dass, egal welches Eiweiß Sie zu sich nehmen, die komplette Aufnahme und Verwertung nur dann der Fall ist, wenn der Eiweißlieferant fettarm ist. Schlechtes Fett, auch in fetten Eiweißlieferanten, behindert die Eiweißverwertung.

Meiden Sie Transfette

Das sind gehärtete Fette, die durch Druck- und Wärmebehandlung aus ungesättigten Fettsäuren entstehen, wie billige Margarine, Fett in Fertigprodukten und viele mehr. Achten Sie auf den Hinweis: gehärtete Fette. Diese Fette sind der Grundbaustein für die schlechten Eicos und schaden unserer Gesundheit.

Omega-3-Fettsäuren

Wie bereits beschrieben, gibt es gute und schlechte Fette. Die Omega-3-Fettsäuren sind so gut und wichtig, dass ich ihnen ein ganzes Kapitel widme. Omega-3-Fettsäuren kommen in Fischen und Krillöl vor und sind in unserer Nahrung unterrepräsentiert. Seit Langem ist bekannt, dass Völker mit hohem Fischverzehr selten an den Krankheiten leiden, die in den Industrienationen zur Plage geworden sind: Herz-Kreislauf-Erkrankungen, Allergien, Rheuma und andere Gelenkentzündungen. Vorbeugend und heilend wirken diese lebensnotwendigen Nährstoffe nicht nur bei Kranken.

Kurz gefasst: Fette

Es gibt gute und schlechte Fette. Die guten Fette sorgen für einen guten Stoffwechsel, sie tragen zu körperlicher und geistiger Maximalkraft bei. Sie sind die Grundbausteine für gute Eicos, also für Gesundheit und Schlankheit.

Die schlechten Fette haben einen schlechten Stoffwechsel zur Folge, sie tragen zu Krankheit und Dickleibigkeit bei. Sie sind die Grundbausteine für schlechte Eicos und erhöhen die Schmerzübertragung um ein Vielfaches. Außerdem verhindern diese Fette die Aufnahme von Eiweiß.

Wichtig ist, dass Sie zu jeder Mahlzeit etwas gutes Fett verzehren, denn das kurbelt den Stoffwechsel an und hält außerdem unsere Zellwände dünn und elastisch.

Die wichtigsten Aufgaben

Omega-3-Fettsäuren hemmen alle Entzündungsstoffe. Uns ist bekannt, dass die Acetylsalicylsäure, Wirkstoff eines unserer bekanntesten Medikamente, die Entzündungsneigung herabsetzt, indem sie die Bildung von einigen Entzündungsstoffen hemmt. Omega-3-Fettsäuren hemmen hingegen alle diese Entzündungsstoffe, völlig ohne Nebenwirkungen.

Omega-3-Fettsäuren sind die Grundbausteine für gute Eicosanoide. Und die Eicos wiederum steuern unsere 60 Billionen Zellen. Wir brauchen diese Fettsäuren dringend, um unseren Hormonhaushalt im Gleichgewicht zu halten und somit alle unsere Zellfunktionen, um zu körperlicher und geistiger Maximalkraft zu kommen und um möglicherweise Krankheiten zu umgehen.

Der prähistorische Mensch – ein Fischer?

Der englische Forscher Michael Crawford, Professor an der Uni in London, hat die These aufgestellt: Wenn der Mensch in prähistorischen Zeiten ausschließlich ein Jäger gewesen wäre, dann hätten wir nicht unsere herausragende Intelligenz entwickeln können. Er meint, die Menschen damals konnten wesentlich besser fischen als jagen und hätten wesentlich mehr Fisch als Fleisch zu sich genommen. Seine Studien haben eindeutig gezeigt, dass eine Mangelversorgung der Omega-3-Fettsäuren für eine Vielzahl von Krankheiten mitverantwortlich ist und dass die Entwicklung von Säuglingen und Kindern maßgeblich davon abhängt, ob sie ausreichend mit diesen Fettsäuren versorgt werden. In der Muttermilch sind diese Fettsäuren ausreichend vorhanden, selbst wenn die Mutter sich nicht mit Omega-3-Fettsäuren ernährt.

Die gängigen Ernährungsregeln

Glaubte man in den 80ern und heute auch noch vielen Ernährungsratgebern, dann bedeutet das für unsere Nahrungszusammenstellung: viele Kohlenhydrate, wenig Eiweiß und kaum Fett. Diese Ernährungsregeln sind jedoch falsch und bringen uns in einen verheerenden Kreislauf. Wer an diese Regeln geglaubt hat und noch glaubt, tritt in einen fatalen Kreislauf ein: Gewichtszunahme, Diät, Essstörungen, Übergewicht, Herz-Kreislauf-Erkrankungen, Depressionen etc. Denn es ist ganz einfach falsch, was da propagiert wird. Es ist mittlerweile kein Geheimnis mehr, dass Diabetes und Herzerkrankungen eine Volkskrankheit ersten Grades geworden sind, und das kommt nicht nur vom übermäßigen Essen. Tatsache ist, dass durch Kohlenhydrateverzehr eine Insulinausschüttung mit allen ihren negativen Auswirkungen erfolgt.

Omega-3-Fettsäuren verbessern nicht nur die Geschmeidigkeit der Zellmembranen, sondern helfen auch gegen Entzündungen.

Durch die kohlenhydratreiche Ernährung und den Verzehr von fettem Fleisch und Wurst wird viel von der unerwünschten Arachidonsäure produziert, die wiederum die Aufnahme und Einlagerung guter Fette verhindert. Das bedeutet, dass die Ernährung mit viel Kohlenhydraten, die eigentlich gegen das Übel Fettleibigkeit ankämpfen sollte, genau das Gegenteil bewirkt: Diese Art der Ernährung verhindert die Aufnahme guter Fette und trägt zur Bildung schlechter Fette bei. Somit wird Übergewicht produziert. Denn Kohlenhydrate werden sauer verstoffwechselt und produzieren Arachidonsäure, auch wenn sie selbst keine Säure enthalten.

Die Arachidonsäure

Omega-6-Fettsäuren bilden die unerwünschte Arachidonsäure, die zu Entzündungen und Krankheit führt. Diese Fettsäuren kommen in allen Tieren vor, die auf dem Land leben. Omega-3-Fettsäuren hingegen bilden die erwünschte Eicosapentaensäure, die Entzündungen entgegenwirkt; sie kommen in allen Tieren vor, die im Wasser leben. Die Arachidonsäurebildung wird verhindert, wenn Sie genug Omega-3-Fettsäuren zu sich nehmen. Außerdem sollte man schlechte Kohlenhydrate reduzieren, sodass ein konstanter Blutzucker gewährleistet ist und gute Eicos gebildet werden. Und die Aufnahme tierischer Eiweiße sollte reduziert werden. Das Problem bei Arachidonsäure ist, dass ein Zuviel Entzündungen hervorruft und einen Sauerstoff- und Nährstoffmangel der Zellen bewirkt.

Die beiden Faktoren Sauerstoff- bzw. Nährstoffmangel und Entzündung sind der Beginn von Krankheit!

Tierisches Eiweiß reduzieren

All diejenigen, die zu Entzündungen aller Art neigen sowie zu Arteriosklerose, Rheuma, Herz-Kreislauf-Erkrankungen, Bluthochdruck, Darmerkrankungen, Nierenerkrankungen, Herzrhythmusstörungen, Stoffwechselstörungen, Hauterkrankungen, Skeletterkrankungen oder zu Depressionen, sollten ihre Nahrung in der Weise umstellen, dass sie so wenig wie nötig tierische Eiweiße (von Tieren, die auf dem Land leben) zu sich nehmen und ihren Verzehr an Omega-3-Fettsäuren stark erhöhen, indem sie entweder Fisch essen oder auf Krillöl zurückgreifen. Um an Ihren täglichen Bedarf von Eiweiß zu kommen und dabei nicht die unerwünschte Arachidonsäure zu produzieren, bieten sich beispielsweise Tofu, Tempeh, Seitan, Eiweißpulver (ohne Süßstoff) oder Eiweißlinge an. Der Eiweißling ist kein Eiweiß, er liefert die 8 essenziellen Aminosäuren, die Ihr Körper selbst nicht herstellen kann, aber braucht, um alle Eiweiße im Körper zu bilden.

Gute Fette sind notwendig

Wir brauchen dringend gutes Fett für unsere Nerven, unser Gehirn und die Zellmembranen – einfacher gesagt: für unsere Gesundheit. Ohne gutes Fett leiden wir an Sauerstoff- und Nährstoffmangel mit allen negativen Folgeerkrankungen.

Nachteil von frischem Fisch

Wir wissen nicht, was mit dem Fisch alles schon passiert ist, bis er in unsere Ladentheken kam: Ist er gezüchtet und voller Antibiotika? Ist er schwermetallbelastet? Dies ist nicht immer zu umgehen, selbst wenn der Fisch im Bioladen gekauft wird: Er schwamm auch einmal im Meer und wir wissen nicht, ob er sich neben einem Schiff befand, das seine chemischen Abfälle dort gerade loswurde, und der Fisch eine hohe Dosis von Schwermetallen und Giften, wie Dioxin, Quecksilber oder PCB, aufgenommen hat. Das Bundesinstitut für Risikobewertung rät sogar Schwangeren oder stillenden Frauen da-

Krankmachender Fettstoffwechsel

Omega-3-Fettsäuren schließen eine Lücke in unserer Ernährung, denn sie haben bedeutende Auswirkungen auf unseren Fettstoffwechsel. Der Fettstoffwechsel ist ausschlaggebend für viele Erkrankungen, wie z. B.:

- Herz-Kreislauf-Erkrankungen
- Unregelmäßiger Monatszyklus
- Übergewicht
- Diabetes
- Krebs
- Schlafstörungen
- Konzentrationsstörungen
- Entzündungen aller Art
- Chronische Schmerzen
- Depressionen
- Hauterkrankungen
- Entzündliche Darmerkrankungen
- Aufmerksamkeitsdefizitsyndrom (ADS) bei Kindern
- Hyperaktivität
- Legasthenie
- Alzheimer
- Parkinson
- Multiple Sklerose

von ab, große Seefische wie Thunfisch, Rotbarsch oder Heilbutt zu essen, denn in diesen Fischen – die Endglieder der Nahrungskette – ist immer wieder Quecksilber in erhöhter Konzentration nachgewiesen worden. Dies kann zu Entwicklungsschäden führen.

Die welleat Pyramide

Körper, Geist und Seele müssen ernährt werden. Manchmal ist uns das in unserer schnelllebigen Zeit nicht bewusst. Wir haben nur diesen einen Körper. Seien Sie gut zu ihm – sie werden reich belohnt.

- Unser Körper muss mit allen Nährstoffen versorgt werden, die er braucht, um alle wichtigen Vorgänge im Körper reibungslos ablaufen zu lassen. Das sind gute Kohlenhydrate, gute Eiweiße, gute Fette, aber auch Mineralien, Vitamine, Enzyme, Spurenelemente u.v.m. Wenn wir uns bewusst und abwechslungsreich ernähren, dann können wir unseren Körper stark, gesund und leistungsfähig machen oder erhalten.
- Um dieses Ziel zu erreichen, dient die Pryramide hier als Anhaltspunkt, welche Lebensmittel in größeren Mengen und welche in kleineren Mengen verzehrt werden sollten.
- Aber auch die Seele und der Geist wollen gut versorgt werden. Sie beziehen ihre Kraft und Energie aus einem gut versorgten Körper, aber auch durch Lachen, Freude, Wasser und Bewegung.
- Machen Sie Ihren Körper, Geist und Ihre Seele stark und glücklich, indem Sie darauf achten, was und wie viel Sie essen, wie viel Sie trinken, sich bewegen oder einfach Freude am Leben haben.
- Nahrung hat eine Wirkung. Bei jedem Ma(h)l.

Die welleat Pyramide

LOS GEHT'S

Das welleat Konzept

Wer sich ausgewogen nach dem welleat Prinzip ernährt, kann sich glücklich, fit und belastbarer fühlen. Lesen Sie, wie es gelingen kann, welleat im Alltag umzusetzen, und wie die optimale Kohlenhydrat-, Fett- und Eiweißzufuhr gewährleistet ist – mit vielen Kombinationsvorschlägen für einen ausgewogenen Speiseplan.

Das welleat Konzept

Mithilfe des welleat Konzepts erreichen Sie einen Stoffwechselzustand, mit dem Sie physisch und psychisch Maximalkraft entfalten können.

Mithilfe des welleat Konzepts können Sie ein Stoffwechselstadium erlangen, mit dem Sie physisch und psychisch Maximalkraft entfalten können. Es ist ein realer, stoffwechselbedingter Zustand, den jeder erlangen kann. Er basiert auf dem Gleichgewicht der drei Makronährstoffe: Kohlenhydrate, Eiweiß und Fett. Es geht in dem Ernährungskonzept um die Harmonie, um das Gleichgewicht der Hormone. Ich nenne diese Ernährung: welleat. Das Gleichgewicht der Hormone und infolgedessen ein optimal ablaufender Stoffwechsel haben Auswirkungen auf alle Lebensbereiche. Sie sind mithilfe eines optimalen Stoffwechsels in der Lage, scheinbar zufällige Körper- und Geistessymptome positiv zu beeinflussen. Und dies mit hoher Eigenverantwortlichkeit, denn Sie bestimmen, was Sie essen. Im Laufe der Zeit wandelt sich Ihr Körperfett in Körpermasse um. Sie haben mehr Energie und erreichen Ihr Idealgewicht. Sie können Ihr Essen ohne schlechtes Gewissen genießen. Sie müssen, ja, Sie dürfen nie wieder hungern...

welleat ist keine herkömmliche Diät

Dieses Buch stellt keine herkömmlich bekannte Diät vor. Sie müssen sich auch nicht bis zur absoluten Nervenkrise durch Entsagung selbst kasteien. Vielmehr geht es darum, die hormonelle Reaktion

Was bringt ein optimaler Stoffwechsel?

- Körperliche und geistige Maximalkraft
- Hohe Konzentrationsfähigkeit
- Geistige Klarheit
- Wachheit, die plötzliche Ermüdung nach dem Essen verschwindet
- Spaß am Essen!
- Sättigungsgefühl für 4 bis 5 Stunden
- Keine Gelüste auf etwas Süßes nach dem Essen
- Keine Heißhungerattacken mehr

Hormonungleichgewicht und die Folgen

- Schlafstörungen
- Depressive Verstimmungen
- Antriebslosigkeit
- Chronische Müdigkeit
- Konzentrationsschwäche
- Unstillbarer Hunger oder Durst
- Heißhunger auf Süßes
- Missmut
- Beziehungslosigkeit
- Gewichtsprobleme
- Aggressionen
- Spannungskopfschmerz
- Unerklärliche Trauer

des Körpers auf die Nahrungsmittel zu verstehen und zu begreifen, welche Hormonreaktionen für Sie am günstigsten sind, um körperliche und geistige Maximalkraft zu erreichen. Das geht über die Nahrung, und Sie können das spüren. Diese Ernährungsweise gewährleistet, dass Ihre Zellen ausreichend mit Nährstoffen, Sauerstoff und Wasser versorgt sind, denn wenn die Zellen prall gefüllt sind, können sie optimal arbeiten. Welleat ist kein neuer Trend, das sind Erkenntnisse aus der Ernährungswissenschaft.

Nicht jeder reagiert auf Nahrung gleich, und doch ist eine Ernährung im hormonellen Gleichgewicht – welleat – für jeden von großem Wert für die Gesundheit (mehr dazu im Kapitel »Jeder reagiert anders«, ab Seite 118). Das hormonelle Gleichgewicht ist ausschlaggebend für unser Wohlergehen. Befinden wir uns im hormonellen Gleichgewicht, geht es uns physisch und psychisch gut. Geraten wir jedoch aus diesem optimalen Zustand, entwickeln wir körperliche oder geistige Beschwerden.

Sie entscheiden, wie Sie dieses Wissen nutzen. Es kommt auf das persönliche Ziel des Einzelnen an, auf die Prioritäten, die sich jeder setzt.

»Unerklärbare« Symptome

Die Nahrung ist unsere stärkste Medizin, mit der richtigen Ernährungsweise lassen sich Krankheiten lindern und sogar heilen. Das Wissen um die richtige Ernährung hilft Ihnen sowohl bei handfesten Krankheiten, wie auch bei Befindlichkeitsstörungen: bei Herz-Kreislauf-Erkrankungen, bei Bluthochdruck, bei hohen Cholesterinwerten, bei Allergien, bei Infektanfälligkeit, bei chronischen Schmerzen in Rücken, Gelenken und Muskeln, bei Migräne, bei

Es ist wichtig, zu wissen, dass Sie sich bei jeder Mahlzeit in oder aus dem hormonellen Gleichgewicht bringen können.

Verdauungsproblemen oder bei Hauterkrankungen. All diejenigen, die unter diesen oder ähnlichen »nicht zu erklärenden Symptomen« leiden, sind besonders aufgerufen, sich um ihr hormonelles Gleichgewicht zu kümmern. Am einfachsten geschieht dies über die Nahrung, denn essen dürfen wir täglich – und das mindestens dreimal. Und da jede Art der Nahrung eine hormonelle Reaktion zur Folge hat, kann man sie gleich so einsetzen, dass sie uns nutzt und nicht schadet – klingt logisch, oder?

Nahrung ist die wirkungsvollste Medizin, die wir zur Verfügung haben.

welleat im Alltag

Es ist leicht, welleat umzusetzen, bei jeder Mahlzeit, jeden Tag – immer öfter. Sie können diese Ernährung überall anwenden, ob zu Hause, unterwegs, im Restaurant oder in der Kantine. Die Kombinationen lassen sich problemlos überall zusammenstellen. Mir liegt am Herzen, dass Sie nach dem Lesen dieses Buches wirklich mehr Wissen haben und ermuntert werden, Ihre Nahrungszusammenstellung zu überprüfen. Wissen, das Ihnen nutzt, den Alltag besser durchzustehen, allen Anforderungen gewachsen zu sein, ohne einen hohen gesundheitlichen Preis zu bezahlen, Ihr Gewicht in Ordnung zu bringen oder es zu halten, Stress anders zu betrachten, gesünder, leistungsfähiger, kreativer und letztendlich auch glücklicher zu sein. Denn es ist ein gutes Gefühl, sich selbst helfen zu können. Gewichtsverlust und das Erreichen optimaler körperlicher und geistiger Gesundheit haben nicht nur etwas mit Willenskraft zu tun.

Um welleat anzuwenden, brauchen Sie keinen Arzt, keine Pillen oder teure Untersuchungen. Sie brauchen das, was Sie sowieso täglich mindestens dreimal zu sich nehmen. Sie brauchen: Nahrung. Und Sie brauchen: Information!

welleat steht auf wissenschaftlichen Füßen

In den USA kennt das Konzept fast schon jeder. Die von mir genannten Erkenntnisse basieren auf Untersuchungen von Dr. Barry Sears, der in den USA eine unglaubliche Welle ausgelöst hat und ungeheuer viele Menschen damit erreicht hat, sodass sich Restaurants, Bringservices und ganze Supermärkte nach diesem Prinzip ausgerichtet haben. Das Buch »Das Optimum«, das Dr. Sears dazu geschrieben hat, ist leider so kompliziert, dass man es fast als eigenes Studium ansehen muss. Meine Erfahrung und auch die meiner Patienten ist: Es geht auch einfacher! In diesem Buch sind die Dinge so vereinfacht, dass jeder, der etwas für sich tun will, die Information direkt umsetzen kann.

Gesunde Ernährung braucht Eigeninitiative

Wir müssen uns schon selbst darum kümmern, was wir essen, und das ist etwas aufwendiger, als sich mittags an die Frittenbude zu stellen und abends ins Fast-Food-Lokal. Es ist eine Frage der Priorität, und der etwas abgedroschene Satz »Du bist, was du isst!« hat seine Richtigkeit. Schließlich bestehen wir rein physisch aus dem, was wir gegessen haben und was der Körper daraus gemacht hat: Körperfett oder Körpermasse. Körpermasse ist gut durchblutetes, kräftiges Gewebe, das einen hohen Stoffwechsel mit sich bringt, Körperfett ist träge und raubt uns Energien – und macht krank. Kümmern Sie sich darum, was Sie Ihrem Körper an Nahrung anbieten, Sie werden von den Wirkungen erstaunt sein. Natürlich hängt das hormonelle Gleichgewicht nicht nur von der Ernährung ab, es spielen Faktoren mit wie: Erbanlagen, Kummer, Sorgen, Existenzangst, Traumen, Verdrängung starker Gefühle und vieles mehr. In solchen Fällen hilft das welleat Konzept, besser mit den gegebenen Umständen fertigzuwerden und neue Wege aus der Misere zu finden, denn ein gestärkter Körper und Geist sind leistungsfähiger, robuster und kreativer.

► Kurz gefasst: Das welleat Konzept

- welleat ist eiweißangepasst an den Bedarf, den alle Körperstrukturen brauchen, um arbeiten zu können. In unserem Körper kommt Eiweiß (Protein) in größeren Mengen vor als jede andere Substanz mit Ausnahme von Wasser.
- welleat reduziert »schlechte« Kohlenhydrate, also solche, die eine hohe Insulinausschüttung zur Folge haben.
- welleat reduziert schlechte, also gesättigte Fette.

Außerdem wird im welleat-Konzept geachtet auf:

- Ausreichende Flüssigkeitsaufnahme
- Ausreichende Bewegung
- Reduktion von Stress
- Schärfung des kritischen Bewusstseins darüber, was uns »aufgetischt« wird
- Stärkung die Eigenverantwortung

Die welleat Mahlzeit

Wenn Sie das Kapitel »Was die Nahrung mit uns macht« (ab Seite 22) gelesen haben, sind Sie theoretisch jetzt schon fit! Aber nun kommt Praxis, endlich darf gegessen werden. Wie Sie gesehen haben, liegt das Geheimnis darin, die Makronährstoffe von Eiweiß, Kohlenhydraten und Fett so zu kombinieren, dass der Blutzucker weitgehend konstant bleibt, also eine hohe Insulinausschüttung vermieden wird. Dies wird durch die Kombination von guten Eiweißen und guten Kohlenhydraten erreicht. Außerdem sollten gute Gewebshormone, die Eicosanoide, gebildet werden. Und dazu brauchen Sie gute Fette.

Wie hoch ist der Eiweißbedarf?

Jetzt stellt sich also die Frage, was und wie viel kann man essen, um ins hormonelle Gleichgewicht und dadurch zu mehr Leistungsfähigkeit, Gesundheit und einer guten Figur zu kommen? Beim Berechnen des täglichen Eiweißbedarfs, wie er von der Weltgesundheitsorganisation (WHO) empfohlen wird, entstanden vor meinem inneren Auge große Fragezeichen. Die WHO rät: 0,8 bis 2,0 Gramm reines Eiweiß pro Kilo Körpergewicht pro Tag. Damit kann niemand etwas anfangen, denn was sind denn z. B. 70 Gramm reines Eiweiß? Ein Putenschnitzel von 140 Gramm hat einen reinen Eiweißgehalt von 40 Gramm. Das weiß ich, weil ich es nachgelesen habe. Aber Sie wussten das vermutlich nicht – und müssen das auch nicht wissen. Es geht auch leichter: Frauen und Männer brauchen unterschiedlich viel Eiweiß. Sie können Ihren Eiweißbedarf je nach Sättigungsgefühl, Verträglichkeit und körperlicher Betätigung mit den Richtwerten im Kasten rechts selbst bestimmen. Dabei sind die unteren Werte für Frauen gedacht, die oberen Werte sollen Richtlinien für den Bedarf von Männern sein. Diese Werte können nur Richtwerte sein, sollten aber trotzdem weder nach oben noch nach unten zu sehr verlassen werden. Beobachten Sie sich und Ihre körperlichen und geistigen »Beschwerden«, und Sie werden für sich die richtige Menge Eiweiß finden, die Sie sowohl körperlich als auch geistig in den optimalen Stoffwechselzustand bringt – und zwar bei jeder Mahlzeit, jeden Tag.

Faustformel für die Hauptmahlzeiten

Damit Sie nicht immer abwiegen müssen, gebe ich Ihnen im Folgenden eine Faustregel an (siehe Seite 64). Trotzdem ist es ratsam, sich die Mengen an Eiweiß mit einer Brief- oder Lebensmittelwaage einmal abzuwiegen, um überhaupt ein Gefühl für Mengen zu bekommen. Danach haben Sie es im Blick oder im Gefühl oder Sie nehmen einfach die Faustformel zu Hilfe.

► Eiweißbedarf

Hier angegeben sind die Eiweißmengen, die der Organismus von Frauen und Männern bei einer Mahlzeit verstoffwechseln kann (Frauen orientieren sich eher an den unteren Werten dieser Angaben, Männer an den oberen). Es handelt sich um Maximalmengen, d.h. es darf auch weniger gegessen werden. Bei Schwangeren und körperlich schwer Arbeitenden erhöht sich der Bedarf um 25 Prozent. Bei Hochleistungssportlern erhöht sich der Bedarf um 50 Prozent. Es kann pro Mahlzeit verzehrt werden:

Fleisch	90–120 g Dies entspricht in etwa der Dicke und Größe des eigenen Handtellers.
Fisch	140–180 g Dies entspricht in etwa der Dicke und Größe des eigenen Handtellers.
Tofu, fest	180–240 g
Tofu, weich	240–320 g
Käse	120 g
Hüttenkäse	200 g
Eier	2–4 Stück
Quark	250 g
Putenwurst	90–100 g
Schinken	90–120 g

Wenn Sie wie ich auch wenig oder keine tierischen Produkte essen wollen, dann lesen Sie bitte auf jeden Fall den Text »über zehn Jahre welleat« (ab Seite 8).

Faustformel für die Hauptmahlzeiten

Kombinieren Sie:

- Einen Handteller Fleisch oder Fisch mit zwei Handtellern guter Kohlenhydrate
- oder einen Handteller Fleisch oder Fisch mit einem Handteller schlechter Kohlenhydrate

Alternative Eiweißkombinationen

Kombinieren Sie andere Eiweiße als Fisch oder Fleisch zu den Kohlenhydraten, dann richten Sie sich nach den auf Seite 63 im Kasten beschriebenen Mengen. Beispiel: 250 Gramm Kräuterquark mit einem Handteller Kartoffeln. Oder: 200 Gramm festen Tofu mit zwei Handtellern Paprikagemüse.

Schlechte Kohlenhydrate sollen im begrenzten Maße genossen oder auch öfter mal gemieden werden.

Wenn Sie weniger Eiweiß essen wollen, als es die Höchstmenge erlaubt, sollten Sie zugleich auch die Menge der Kohlenhydrate reduzieren, um nicht aus dem Gleichgewicht zu kommen. Das gilt vor allem für die schlechten Kohlenhydrate, wie Kartoffeln, Reis, Nudeln, Klöße und dergleichen.

Bei den guten Kohlenhydratlieferanten wie Gemüse, Hülsenfrüchte und Salat bringt auch eine größere Menge Sie nicht aus dem Gleichgewicht, denn der Insulinausschlag ist geringer und vor allem dosierter. Die einzige Begrenzung, die es bei den guten Kohlenhydraten gibt, ist der gesunde Menschenverstand.

Keine Angst vor den Eiweißmengen – wir kommen mit wenig aus

Probieren Sie es aus, und Sie werden merken, dass die in etwa angegebenen Mengen völlig ausreichen, um satt und leistungsfähig zu sein. Am Anfang hat man Sorge, ob es reicht. Aber jedes Zuviel, das Sie dem Körper aufladen, ist belastend und somit nicht gesundheitsförderlich. Und es macht müde und schlapp. Vielleicht kann dies der folgende Satz etwas deutlicher machen: Ein Viertel der Nahrung, die wir zu uns nehmen, brauchen wir. Die anderen drei Viertel machen Sie früher oder später krank.

Kohlenhydrate zum Frühstück oder Abendessen

Die Mengen der verschiedenen Eiweiße kennen Sie jetzt. Sie sind im Kasten auf Seite 63 beschrieben und gelten für jede Mahlzeit. D. h., wir müssen uns nun noch um die Kohlenhydrate für das Frühstück oder Abendessen kümmern. Bei den guten Kohlenhydraten gilt auch hier: Essen Sie sich satt und schalten Sie den gesunden Menschenverstand ein. Bei den schlechten Kohlenhydraten gibt es eine Begrenzung, um den Insulinausschlag gering zu halten. Da es sich um Frühstück oder Abendessen handelt, sprechen wir hier von Müsli und Brot. Kochen Sie hingegen zum Abendessen, dann richten Sie sich nach der Faustformel für die Hauptmahlzeiten.

Die Höchstmengen von schlechten Kohlenhydraten bei einer Mahlzeit sollten folgende Werte nicht übersteigen:

- 60 Gramm Vollkornbrot
- 60 Gramm Müsli aus vollem Korn und ohne Zucker.

Mit diesen Mengen an schlechten Kohlenhydraten ist ein konstanter Blutzucker gewährleistet, wenn Sie dazu die Höchstmenge an Eiweiß kombinieren. Patienten haben sehr viele gute Erfahrungen mit dem Eiweißling gemacht und möchten ihn nicht mehr missen.

Was wollen Sie persönlich mit welleat erreichen?

Bevor Sie mit der Umsetzung des welleat Konzepts in Ihrem Alltag beginnen, sollten Sie sich darüber klar werden, was Ihre persönlichen Ziele damit sind. Geht es Ihnen primär ums Abnehmen oder steht bei Ihnen im Vordergrund, körperliche und geistige Gesundheit zu erreichen? Die Umsetzung ist dann individuell anders.

Abnehmen

Wenn es darum geht abzunehmen, dann halten Sie sich bitte genau an die angegebenen Richtlinien und Mengen. Vor allem meiden Sie alle schlechten Kohlenhydrate und fettes, rotes Fleisch oder Wurst daraus. Denn schlechte Kohlenhydrate und schlechte Fette machen nicht schlank und fit, sondern dick und müde.

Körperlich und geistig im optimalen Zustand sein

Wenn es Ihnen um Ihre persönliche Leistungssteigerung geht und wenn Sie Ihre Gesundheit erhalten oder wieder erreichen wollen, dann beobachten Sie bitte genau, wie viel Nahrung Sie zu sich nehmen können, um Ihren optimalen Zustand zu erreichen. Manche können etwas mehr essen und bleiben in ihrem hormonellen Gleichgewicht, manche müssen sich ziemlich genau an die Mengen halten, um sich im optimalen Stoffwechsel zu befinden.

Wenn Sie bei einer Mahlzeit aus Ihrem hormonellen Gleichgewicht gelangt sind, können Sie sich bei der nächsten Mahlzeit wieder hineinbefördern. Sich selbst zu beobachten ist sehr spannend. Sie werden einen Unterschied feststellen, je nachdem, was Sie gegessen haben, und dann werden Sie bald Ihre persönlichen Mengenbedürfnisse kennen. Das ist die Menge, die Sie essen können, mit der Sie auch nach der Mahlzeit noch topfit in Körper und Geist sind und sich nicht erst einmal ein Stündchen hinlegen müssen. Wenn Sie bereits im welleat Gleichgewicht waren, haben Sie eine Vergleichsmöglichkeit, um fortan festzustellen, ob Ihnen etwas guttut oder nicht. Und ich bin mir sicher: Auch Sie streben dann nur noch Ihren optimalen Stoffwechselzustand an und verzichten automatisch auf ein fettes Stück Sahnetorte oder greifen zu Huhn anstatt zur Schweinshaxe. Sie tun es für Ihre Lebensfreude und für Ihre Gesundheit. Es lebt sich leichter, wenn man wach, leistungsfähig, kreativ, lustig, schmerzfrei und gesund ist.

Vorsicht: Große Mengen an Eiweißen mit hohen Stickstoffabfallprodukten belasten stark die Verdauungsorgane. Dies führt zu gesundheitlicher Beeinträchtigung.

Anwendung der Eiweißlinge

Um den Blutzuckerspiegel nach dem Konzept von welleat konstant zu halten, sollten Sie bei einem reinen Kohlenhydratessen maximal drei Eiweißlinge zu sich nehmen. Die Höchstdosierung sind drei Eiweißlinge pro Mahlzeit, dies entspricht neun am Tag. Nehmen Sie zwei bis fünf Eiweißlinge pro Tag bei intensiver Muskelanstrengung, vor und nach Operationen, gegen Faltenbildung und bei erhöhtem Aminosäurebedarf, also im Krankheitsfall.

Die guten Fette nicht vergessen!

Denken Sie an die guten Fette, egal, aus welchen Gründen Sie die welleat Ernährung anwenden: Für alle ist es wichtig, zu jeder Mahlzeit etwas gutes Fett zu verzehren, in Form von Olivenöl, Avocados, Mandeln oder anderer Öle. Sie wissen das ja schon: wegen der Bildung guter Eicos! Meiden Sie schlechte Fette, wie fettes, rotes Fleisch oder fette Wurst, denn dieses Fett verhindert die Aufnahme von Eiweiß und verlangsamt unseren Stoffwechsel.

Der Kohlenhydrattag

Wenn Sie jetzt langsam Panik bekommen und sich sagen: »So ein Unsinn, das mache ich nicht, das halte ich nicht durch. Wie kann ich ohne meine Spätzle, Kartoffeln, Riesenberge Nudeln und Reis leben?« – dann wäre für Sie folgende Lösung möglich: Erklären Sie einen Tag in der Woche zu Ihrem Kohlenhydrattag. Am besten wäre der Samstag. Zum Mittagessen gibt es dann genau das, was Sie vielleicht vermisst haben oder worauf Sie einfach nicht für immer verzichten wollen: Kartoffelbrei, Nudeln satt, Knödel, Reis, Spätzle usw. Machen Sie daraus einen Feiertag, an dem etwas auf dem Esstisch landet, das es sonst nicht gibt. Auch früher gab es ja nur an Feiertagen einen fetten Braten. Natürlich ist es sinnvoll, auch an diesem Tag ein gutes Eiweiß dazu zu kombinieren, denn Sie wollen vielleicht noch etwas mit Ihrer Familie unternehmen und nicht nur auf der Couch liegen. Denn der Einfluss unserer Nahrung endet nicht beim Körper, sondern erstreckt sich auch auf unsere Psyche!

Erklären Sie einen Tag in der Woche zu Ihrem persönlichen Feiertag, z. B. zu Ihrem Kohlenhydrattag. An diesem Tag gibt es das Essen, auf das Sie auf keinen Fall verzichten wollen.

Schlechte Kohlenhydrate und die Volkswirtschaft

Es ist tatsächlich am besten, Sie nehmen für Ihren Kohlenhydrattag den Samstag, denn wenn man sich da aus dem Gleichgewicht bringt, leidet die Volkswirtschaft nicht so. Das ist eigentlich gar nicht ironisch gemeint, denn ich bin der festen Überzeugung, dass bei vielen Menschen nach einem Mittagessen in der Kantine mit Kartoffeln und fettem Fleisch oder Nudeln mit Gemüse oder Suppe und einer süßen Nachspeise Konzentrationsfähigkeit und Arbeitseifer am Nachmittag stark nachlassen. Das habe ich unzählige Male in der Praxis gehört. Nicht, dass Sie nicht mehr in der Kantine essen sollten, denn das Essen ist dort oft sehr gut, aber – die

Mischung macht's – Sie sollten Ihre Mahlzeit richtig kombinieren. Mein Wunsch ist es, dass in Unternehmen Vorträge über Ernährung und die Auswirkung auf die Ertragslage des Unternehmens gehalten werden. Das sollte gerade in der heutigen Zeit alle interessieren. Ich werde nicht behaupten, dass alle Miseren nur vom falschen Essen kommen, aber Motivation, Kreativität und geniale Einfälle bekommt man eher, wenn das Gehirn genug Nahrung hat, alles gut durchblutet ist und genug Sauerstoff zur Verfügung steht. Der durchschnittliche Gesundheitszustand von uns Deutschen entspricht etwa dem Gesundheitszustand unserer Wirtschaft: Wir leiden an Infarkten, Kollapsen, Burn-out-Syndromen, Unlust, Depressionen, Schwerfälligkeit durch Erkrankungen wie Diabetes, Bluthochdruck und vielem mehr.

welleat in der täglichen Küche

Auf den nachfolgenden Seiten möchte ich Ihnen einige Ideen und Kombinationsmöglichkeiten für die tägliche Küche liefern, mit denen Sie ins hormonelle Gleichgewicht kommen können. Es handelt sich hierbei bewusst nicht um ausgearbeitete Rezepte, die Sie schrittweise nachkochen können. Mir ist es vielmehr wichtig, dass Sie eine Auswahl an Kombinationen erhalten, die Ihre Kreativität beflügeln, um auch selbst Rezepte für sich zu kreieren. Entweder Sie schütteln diese Rezepte aus dem Ärmel oder ziehen ein Kochbuch zur Hilfe heran. Bei den Süßspeisen gebe ich eine etwas ausführlichere Schritt-für-Schritt-Anleitung. Leckere Rezepte für jede Gelegenheit finden Sie in meinen Bächern »wellcook«, »welleat – der 4-Wochenplan« und in »Praxiswissen – Unverträglichkeiten selbst erkennen« (Letzteres erhalten Sie exklusiv auf HSE 24).

Ideen für das Frühstück

Mal ohne die Klassiker Brot und Müsli. Vielleicht bemerken Sie dann auch, dass Sie leistungsfähiger sind und weniger Heißhunger entwickeln und sich dann wieder mit gesundem Appetit auf das Mittagsessen freuen. Mein Vorschlag lautet: Wählen Sie ein Eiweiß, auf das Sie Lust haben, z. B. Hüttenkäse, Quark, Eier oder Putenbrust, und essen Sie dazu einen großen Teller frisches Obst. Das hört sich zunächst etwas befremdlich an, denn Obst mit Putenbrust ist keine gängige Kombination. Probieren Sie es einfach aus, Sie werden positiv überrascht sein.

Diese Kombination bringt Ihnen folgende Vorteile: Sie werden angenehm satt, Ihr Blutzuckerspiegel bleibt konstant, Sie bekommen schon morgens alle Vitamine und Mineralien, die Sie für den Tag brauchen – und sie nehmen viel weniger Kalorien zu sich.

Nachfolgend habe ich Ihnen einige weitere Kombinationsmöglichkeiten aufgelistet. Von den eiweißhaltigen Lebensmitteln wie Joghurt, Quark oder Hüttenkäse können Sie so viel essen, wie es im Kasten auf Seite 63 empfohlen wird. Wenn Sie das Eiweiß als Eiweißling zu sich nehmen, sind jeweils drei Eiweißlinge pro Mahl-

Kurz gefasst:
Die welleat Ernährung

Sie ist eiweißangepasst an den Bedarf, den alle Körperstrukturen brauchen, um arbeiten zu können. In unserem Körper kommt Eiweiß (Protein) in größeren Mengen vor als jede andere Substanz mit Ausnahme von Wasser. Die Ernährung nach welleat reduziert schlechte Kohlenhydrate, die eine hohe Insulinausschüttung zur Folge haben. Sie reduziert schlechte, also gesättigte Fette und sorgt bei regelmäßigem Verzehr guter Fette für die Bildung guter Eicos und für die Schonung unserer Nerven. Es ist wichtig, beim Verzehr von Eiweiß auf einen niedrigen Fettgehalt zu achten. Und dies sowohl bei Fleisch als auch bei Käse. Denn Fett mach fett und verhindert die Aufnahme von Eiweiß und blockiert den Stoffwechsel.

zeit zu empfehlen. Um schon beim Frühstück gute Fette zu essen, bieten sich Erdnussbutter ohne Zucker (optimale Menge: 1 Teelöffel) oder Avocado (optimale Menge: 1/2 Avocado) an. Sollten Sie sich für ein Frühstück mit Müsli oder Vollkornbrot entscheiden, empfehle ich Ihnen Mengen von 40 Gramm für das Müsli und von 60 Gramm für das Vollkornbrot. Diese Mengen sind optimal, wenn Sie dazu ausreichend Eiweiß kombinieren.

- Vanillequark mit frischen Erdbeeren und Erdnüssen
- Joghurt mit Nüssen, Mandeln oder Erdnussbutter pur
- Obstsalat mit Quark, Milch und frischen Nüssen
- Obst mit Eiweißlingen, Avocado und Zitronensaft
- Bananenquark mit Cashewkernen, auch prima als Zwischensnack
- Bananen-Buttermilch-Shake mit Erdnussbutter
- Buttermilch oder Kefir mit gefrorenen Himbeeren, etwas klein gehackte Mandeln
- Obst mit Soße: Hüttenkäse, Zimt und Mandeln im Mixer zerkleinert, Obst unterheben
- Ungesüßtes Müsli mit Mandeln oder anderen Nüssen, mit Obst je nach Wahl, Quark und etwas Milch
- Rührei mit Tomaten und Mozzarella
- Käseomelett mit gehackten Tomaten und Kräutern
- Rührei aus 1 Ei und 2 bis 4 Eiweiß mit Kresse oder Schnittlauch und etwas Milch verrühren. Dazu wahlweise Vollkornbrot oder frisches Obst. Banane und Ananas schmecken besonders gut dazu
- Avocado, Salz, Pfeffer und Zitronensaft
- Omelett aus 1 Ei und 2 bis 4 Eiweiß
- Omelett aus 2 Eiern mit Lachs plus 30 g Brot
- Vollkornbrot mit Putenbrust, Avocado mit Hüttenkäse gefüllt Salz, Pfeffer und, wer mag, Chilis oder Paprika und eine Scheibe frische Ananas
- Vollkornbrot mit pürierten Früchten, dazu Eiweißlinge
- Vollkornbrot mit Hüttenkäse und Erdnussbutter pur
- Vollkornbrot mit fettarmem Käse, Tomaten und Gurke
- Vollkornbrot mit Lachs oder Thunfisch

Auch hier gilt: Wenn Sie keine tierischen Produkte essen möchten, weichen Sie auf den Eiweißling oder Aminosäurepulver aus.

Ideen für das Mittagessen

Als Vorspeise eignet sich ein Salat der Saison mit Olivenöl und Hefeflocken. Beim Fleisch bietet sich Huhn, Pute, mageres Rind- oder Lammfleisch an. Die Fleisch- und Fischmengen ergeben sich aus der Faustformel oder Ihrem persönlichen Bedarf (siehe Seite 63). Die nachfolgend aufgeführten Vorschläge mit Fleisch sind mit guten Kohlenhydratlieferanten kombiniert. Sie können diese auch durch schlechte Kohlenhydrate ersetzen, sollten dabei aber auf die Menge achten. Fleisch kann durch Tofu (Soja), Tempeh (traditionelles Fermentationsprodukt aus Indonesien aus Sojabohnen) oder Seitan (aus Japan stammend, ähnlich wie Tofu) ersetzt werden.
Ich würde mich sehr freuen, wenn ich einen Beitrag dazu leisten könnte, Sie zu motivieren, sich um die Tiere Gedanken zu machen. Wie werden sie gehalten, was bekommen sie zu fressen, welche Medikamente werden verabreicht? Lieber weniger und teurer, als mehr und billig. Irgendeiner muss das bezahlen. Und das sind die Tiere. Wir können, wenn wir alle zusammen umdenken, die Lebensumstände der Tiere verbessern.

Hüttenkäse oder Quark mit Erdnussbutter vermischt ist ein hervorragender Brotaufstrich.

Fleischgerichte

Wenn Sie die hier aufgeführten Gerichte abends kochen möchten, lassen Sie den Salat einfach weg.

- Fleisch mit Paprika-Tomaten-Gemüse und Salat
- Fleisch mit in Olivenöl gedünsteten Zucchini und Salat
- Fleisch mit Ratatouille
- Fleisch mit Champignon-Zwiebel-Gemüse
- Fleisch in Zitronengras-Kokos-Soße mit Thaigemüse
- Fleisch mit Gemüse in Buttermilch-Wein-Zwiebel-Soße
- Gulasch mit Kichererbsen
- Fleisch in Kokos-Gemüse-Soße mit Linsen
- gebratenes Hähnchen mit Erbsen-Karotten-Mus
- Gemüsepfanne »Allerlei« mit Putenbrust
- Rinderfiletsteak mit grünen Bohnen
- Rinderrouladen mit grünem Pfeffer und Rotkohl
- bunte Salatschüssel mit gebratenen Hähnchenkeulen
- bunte Salatschüssel mit Eiern, Oliven und Zwiebeln

- bunte Salatschüssel mit Putenstreifen und Sojasprossen
- Hähnchen mit roten Linsen
- feuriger Eintopf aus Hähnchen und gekochten Bohnen Zwiebeln, Zucchini und Tomaten
- gefüllte Paprika mit Tomatensoße
- Kalbfleischeintopf mit Champignons, Silberzwiebeln, Tomaten und Steckrüben
- Linseneintopf mit Rindfleisch
- Chili-Putenschnitzel mit Tomaten-Rucola-Salat
- Putenschnitzel mit Gemüsesoße aus Paprika, Zucchini, Zwiebeln und Sojasahne. Dazu Salat

Fischgerichte

Der Fisch kann für die nachfolgenden Kombinationsvorschläge je nach geschmacklichen Vorlieben ebenfalls durch Tofu, Tempeh oder Seitan ersetzt werden. Als Vorspeise eignet sich z. B. ein Salat mit Olivenöl und Hefeflocken.
Beim Fischkauf geben Ihnen verschiedene Zertifikate (MSC, FOS, SAFE) einen guten Überblick über Nachhaltigkeit, Züchtungsart und Lebensumstände der Fische.
Ideal sind Biozüchtungen oder, falls Sie einen Fischzüchter kennen, Fische aus Naturteichen.

- Lachs mit Spinat und Feldsalat
- Lachs in Buttermilch-Dill-Soße mit Karotten-Zucchini-Gemüse
- Thunfisch in Kapern-Senf-Soße mit Brokkoli
- Fischcurry: Fisch Ihrer Wahl in Kokos-Zitronen-Soße, Zucchini-Karotten-Gemüse mit Kichererbsenmus,
- angebratene Scampi mit gemischtem Salat der Saison
- bunte Salatschüssel mit Thunfisch
- bunte Salatschüssel mit Tintenfischringen
- Lachsfilet mit grüner Soße: für die Soße klein gehackte gemischte Kräuter, Essig, scharfer Senf, Öl, Joghurt
- gebratene Forelle und Brokkoli mit in Butter geschwenkten Mandelblättchen

Suppen

Die von mir empfohlenen Suppen sind alle nahrhaft und als Hauptspeise geeignet. Als Vorspeise bietet sich auch hier Salat mit Olivenöl und Hefeflocken an.

- Super-nahrhaft-Suppe: Gemüse- oder Fleischbrühe mit Suppeneinlage: Hackbällchen aus magerem Rind, kleine Tofustücke, Brokkoli und Karotten
- Gemüsesuppe mit Putenwürstchen
- Gemüsesuppe mit Tofueinlage
- Gulaschsuppe aus magerem Rind
- Putengulaschsuppe mit Paprikaeinlage

Zwischenmahlzeiten, Snacks und Nachspeisen

Um sich auch bei den Zwischenmahlzeiten nicht aus dem hormonellen Gleichgewicht zu bringen, empfiehlt es sich ebenfalls, auf die richtige Kombination von Eiweiß und Kohlenhydraten zu achten (siehe unten). Bei den Kombinationsvorschlägen mit Gelatine geht man am besten entsprechend der Zubereitungsanleitung für die jeweilige Obstmenge vor.

- Obstsalat in Gelatine mit Walnüssen: Gelatine auflösen, Obst hineingeben, kurz mitköcheln lassen, auf Schälchen verteilen, erkalten lassen, mit Walnüssen garnieren
- Bananenquark aus fettarmem Quark, mit Mineralwasser cremig gerührt
- steifer Mandarinenjoghurt: Gelatine, Joghurt, Tofu und etwas Olivenöl rühren, bis Gelatine sich aufgelöst hat; Mandarinenfilets und Minzblätter dazugeben und leicht weiterköcheln lassen. Wenn die Mandarinen zerfallen sind, in Schälchen gießen und erkalten lassen. Bei Bedarf mit Honig oder Zucker süßen
- süßes Omelett aus 1 Ei und 3 Eiweiß und Erdbeeren
- Hüttenkäsepudding: Gelatine, Joghurt, Milch, Eier unter

Rühren erhitzen, etwas abkühlen lassen. Hüttenkäse, Honig, Mandelsplitter und Obst nach Geschmack dazugeben, den Pudding fest werden lassen
- Obst mit Hüttenkäse. Besonders empfehlenswert sind alle saftigen Obstsorten, wie Pfirsiche, Ananas, Mangos, Kiwis usw. Äpfel sollten Sie am besten reiben
- Obst mit Quark und Honig
- fettarmer Joghurt, fettarme Milch
- Kuchen, die Eiweiß haben, wie Käsekuchen, Philadelphiatorte, mit Eiweißlingen
- für unterwegs: gemischte Nüsse
- für unterwegs: Obst mit Eiweißlingen
- für unterwegs: Bitterschokolade mit Eiweißlingen

Abendessen

Die Fleisch- und Fischmengen der nachfolgenden Kombinationstipps ergeben sich aus der Faustformel oder aus Ihrem persönlichen Bedarf (siehe Seite 63). Von Quark, Hüttenkäse können Sie pro Mahlzeit 250 Gramm bzw. 200 Gramm essen (siehe Kasten auf Seite 63). Bei Vollkornbrot gilt auch hier wieder: Die optimale Menge pro Mahlzeit beträgt 60 Gramm.

- Vollkornbrot mit Kräuterquark, Tomaten-Kresse-Salat mit Olivenöl
- Vollkornbrot mit Putenbrust, scharfem Paprikamus und Pinienkernen
- Vollkornbrot mit fettarmem Käse, getrockneten Tomaten und Oliven
- Vollkornbrot mit gemischten Kräutern, Hüttenkäse, Oliven
- Vollkornbrot mit Hüttenkäse und Avocadomus (Guacamole)
- Vollkornbrot mit fettarmer Putenwurst
- Vollkornbrot mit Lachs, Meerrettich und Avocado
- Vollkornbrot mit geräuchertem Fisch Ihrer Wahl, Mandeln oder Nüssen
- Vollkornbrot mit Wurst und Eiweißlingen, Tomatensalat und Olivenöl

- Vollkornbrot mit fettem Käse, Eiweißlingen und Oliven
- Hähnchensalat mit Spargelspitzen und Joghurt, dazu Brot
- Thunfischsalat mit Paprika, Gurke, Oliven, Zwiebeln, dazu Brot
- gebratene Scampi mit Knoblauch, dazu Vollkorntoast
- Kräuterquark mit Gemüsestreifen
- Tofu eingelegt in Sojasoße, Knoblauch und Cayennepfeffer, anbraten, dazu Vollkorntoast
- gebratene Hühnerbrust mit Tomatensalat, dazu Brot
- kalte, gebratene Putenstreifen mit Sherry abgelöscht, mit Bruschetta (Toast mit klein gehackten, gewürzten Tomaten und Olivenöl)
- Putenbrust mit Champignons, Frühlingszwiebeln, Tomaten, gekochten Kichererbsen, geraspelten Karotten und Olivenöl

Zubereitungstipps für Soßen

In unserer heimischen Küche wird viel zu oft mit schweren, fetten Soßen gekocht, die noch dazu oft auf schlechten Fetten basieren. Ich möchte Ihnen auf diesen Seiten einige Varianten vorstellen, die zeigen, wie es auch anders geht.

Alternativen zu fetter Sahne

Anstatt mit fetter Sahne zu kochen, eignet sich auch hervorragend Buttermilch oder Sojasahne aus dem Bioladen. Sojasahne hat eine dicke Konsistenz, macht sämige, dicke Soßen, Buttermilch etwas dünnere. Man kann auch sehr gut mit Joghurt oder Quark kochen. Alles ist sehr fettarm. Am besten rühren Sie diese Art Milchprodukte ganz zum Schluss unter – nicht mehr mitkochen. Magerquark ist an sich sehr trocken und deshalb schwer zu verwenden. Ein Trick ist es, ihn mit Mineralwasser oder Joghurt zu verrühren. Er schmeckt, als wenn er vollfett wäre – ist er aber nicht.

Variationen mit Hüttenkäse und Quark

Die Kombinationen sind nahezu unbegrenzt. Finden Sie Ihre Lieblingskombination mit Hüttenkäse heraus. Wer keinen Hüttenkäse verträgt, kann auch Ziegen- oder Schafsquark verwenden:

- frische oder gefrorene Kräuter, etwas Balsamico, Salz, Pfeffer
- Rucola, Tomaten und Olivenöl
- Frühlingszwiebeln, Paprikapulver, Rapsöl
- geraspelter Apfel, Zitronensaft, Honig
- Avocado und Knoblauch
- Kresse und Olivenöl
- als Tzatziki mit Knoblauch und geraspelter Gurke

Tipps für Nudelgerichte

Niemand möchte auf Nudeln verzichten – auf jeden Fall niemand, den ich kenne. Deshalb ist es wichtig, wenn Sie Ihre Lieblingsnudelvariante behalten wollen, dass Sie die Nudelportion etwas verkleinern und dafür etwas anderes dazu essen. Dazu empfehle ich entweder Eiweißlinge oder folgende Eiweißergänzungen:

- Nudeln mit Tomatensoße, dazu ein Salat mit Thunfisch oder Thunfischsoße
- Nudeln mit Pesto. Verfeinern Sie das Pesto mit Tofu, den Sie mit der Gabel zerdrücken
- Nudeln mit Gemüsesoße. Quark zum Schluss unterheben, oder als Nachspeise ein fettarmer Quark
- Spaghetti aglio e olio. Thunfischsalat dazu
- Spaghetti mit grüner Tofusoße. Tofu zerdrücken, mit gehackten Kräutern mischen, mit Olivenöl andünsten

Rezepte für Soßen

Buttermilch-Wein-Zwiebel-Soße

Zwiebeln in Olivenöl glasig dünsten, salzen, pfeffern. Kräuter nach Geschmack hinzufügen. Danach mit Wein ablöschen und vom Herd nehmen, mit Buttermilch aufgießen.

Rote oder gelbe Linsensoße

Linsen in Wasser mit etwas Kreuzkümmel und Salz kochen, durch ein engmaschiges Sieb abgießen und zurück in den Topf geben. Zwischen Deckel und Topf zwei Lagen Küchenpapier legen und den Linsenbrei (indisch: Dal) 15 Minuten ruhen lassen.

Buttermilch-Dill-Soße

Zwiebeln und Knoblauch in Olivenöl dünsten, salzen und pfeffern. Dill dazugeben. Das Ganze mit Weißwein ablöschen und mit Buttermilch auffüllen.

Kapern-Senf-Soße

Die Grundsoße ist immer gleich: Zwiebeln, Knoblauch, Chilis in Olivenöl anbraten, dann mit Wein ablöschen und dann je nach Geschmack weiter würzen. Hier noch mit Kapern und Senf verfeinern.

Kichererbsenmus

Kichererbsen über Nacht einweichen und am nächsten Tag nach Anleitung kochen und salzen. Sojasoße oder Milch hinzugeben und alles pürieren.

Schnittlauchcreme – die schnelle

200 g saure Sahne, Joghurt oder Sojajoghurt
2 Bund Schnittlauch
Kräutersalz, Zitrone, Pfeffer
Alles zusammen in einem hohen Gefäß fein pürieren. Passt zu Gemüse, Fleisch, Fisch und Nudeln.

WIE ?? WAS ?
ERZÄHL DOCH MAL!

Wissenswertes zum neuen welleat Konzept

Erfahren Sie hier, was Ihr Körper selbst nicht herstellen kann, aber braucht, um reibungslos zu funktionieren, wie es sich mit dem gesunden Schlaf, dem Säure-Basen-Haushalt und dem richtigen Salz verhält. Machen Sie sich schlau.

Vitamin B

Ist essenziell, das heißt lebensnotwendig, wir können es selbst nicht herstellen und müssen es täglich mit der Nahrung zu uns nehmen, da es wasserlöslich ist und nicht gespeichert werden kann.
Es gibt 8 verschiedene B-Vitamine, die viele wichtige Funktionen im Körper übernehmen.

Was die B-Vitamine können

- Vitamin B1 kann den Energiestoffwechsel, das Nervensystem und die Psyche unterstützen.
- Vitamin B2 kann die Schleimhäute, die Haut, die Sehkraft, den Eisenstoffwechsel und gegen Müdigkeit unterstützen.
- Vitamin B3 kann gegen Müdigkeit, Ermüdung und die Nerven unterstützen.
- Vitamin B5 kann den Stoffwechsel von Hormonen unterstützen.
- Vitamin B6 kann den Eiweiß- und Kohlenhydratstoffwechsel und die Bildung von roten Blutkörperchen unterstützen.
- Vitamin B7 kann Haut und Haare unterstützen.
- Vitamin B9 – Folsäure. Kann die Blutbildung, das Immunsystem, die Zellteilung und den Eiweißstoffwechsel unterstützen.
- Vitamin B12 kann den Homocysteinstoffwechsel, das Immunsystem, die Nerven und gegen Müdigkeit unterstützen.
- Die B-Vitamine können bei einer ausgewogenen, abwechslungsreichen Ernährung über die Nahrung aufgenommen werden.

Folsäure

Eine Sonderstellung beim Vitamin-B-Komplex nimmt das Vitamin B9, die Folsäure ein. Deutschland ist laut Deutscher Gesellschaft für Ernährung ein Folsäuremangelland, da Folsäure hauptsächlich in grünem Blattgemüse enthalten ist. Aber nur, wenn dieses ganz frisch verzehrt wird. Folsäure ist sehr empfindlich und zerfällt bei dem

Kontakt mit Licht und Sauerstoff, beim Transport, der Lagerung und bei Hitze. Somit kann es sein, dass die Folsäure zerfallen ist, nach dem Ernten bis das Gemüse bei uns auf der Gabel landet. Die Wichtigkeit von Folsäure können wir daran erkennen, dass jede Schwangere Folsäure verschrieben bekommt, denn fehlt diese, kann das Kind eine Behinderung davontragen, da die Zelle- und Blutneubildung gestört wird und es zu Missbildungen kommen kann. Forscher sehen auch einen engen Zusammenhang zwischen Übergewicht und Folsäuremangel, da der Fett-, Eiweiß- und Kohlenhydratstoffwechsel nicht richtig funktioniert. Das gilt für Erwachsene als auch für Kinder. Bei Vegetariern kann es zu einem Vitamin-B12-Mangel kommen, da Vitamin B12 hauptsächlich in Fleisch enthalten ist. Vitamin B12 ist wichtig für unsere Gesundheit. Machen Sie sich schlau, in welchen Lebensmitteln Vitamin B enthalten ist und überprüfen Sie, ob Sie davon jeden Tag etwas verzehren.

Den Folsäurewert können Sie beim Arzt testen lassen. Für Sie und Ihre ganze Familie ein wichtiger Wert. Wenn die Folsäure zu niedrig ist, empfehle ich, diese zu ergänzen.

Vitamin D3

Eines gleich mal vorab: Vitamin D3 ist eigentlich gar kein Vitamin, sondern ein Hormon. Warum ich das so betone? Ganz einfach: Wie wichtig Hormone für unseren Körper und unser Wohlbefinden sind, ist allgemein bekannt. Wenn sie aus dem Gleichgewicht kommen, kommen auch wir aus dem Gleichgewicht. Auch Ärzte nehmen hormonelle Veränderungen sehr ernst. Eigentlich.

Beim Vitamin D3 ist das leider anders. Aus meinen Erfahrungen heraus müssen Patienten für eine Vitamin-D-Spiegel-Messung bei Schulmedizinern förmlich kämpfen. Die meisten Allgemeinmediziner ziehen eine Untersuchung des Vitamin-D-Spiegels erst gar nicht in Betracht. Wie fatal das ist, belegen neueste Studien.

Wofür brauchen wir das Vitamin D3?

Ohne Vitamin D3 können zahlreiche Aufgaben und Leistungen im Körper nicht vollzogen werden. In unserem Körper gibt es kaum eine Zelle, die keine Andockstelle für Vitamin D3 hat. Das bedeutet: Vitamin D3 hat in jeder Zelle seine Arbeit zu leisten. Das bedeutet auch, dass Vitamin-D-Mangel an allen Krankheiten beteiligt oder ursächlich dafür verantwortlich sein kann.

Wie wird das sogenannte „Sonnenhormon" Vitamin D3 gebildet?

Richtig ist: Bei ausreichender Sonnen- beziehungsweise UVB-Bestrahlung kann der Körper aus Cholesterol in der Haut Vitamin D3 in hohen Mengen selbst synthetisieren. Klingt einfacher, als es ist. Denn damit der Körper selbst Vitamin D3 produzieren kann, muss die Haut mit mindestens 18 mJ/cm2 UVB bestrahlt werden. Dazu muss der Einfallswinkel der Sonnenstrahlen auf die Erde aber steiler sein als 35 Grad. In Deutschland funktioniert das gerade einmal zwischen Mai und Oktober zwischen 10 und 14 Uhr. Unter diesen optimalen Bedingungen ist dann ein Sonnenbad mit „Ganzkörperbestrahlung" von etwa 20 Minuten notwendig – natürlich ohne Sonnenschutz.

Machen Sie das? Ich nicht. Warum nicht? Zum einen, weil uns der Wettergott auch zwischen Mai und Oktober nicht jeden Tag Sonne beschert, zum anderen, weil ich nicht jeden Tag Zeit für ein 20-minütiges Ganzkörper-Sonnenbad zur Mittagszeit habe. Und natürlich, weil ich mir ohne UV-Schutz die Haut verbrenne. Richtig, die meisten meiden sogar die heiße Mittagssonne, wegen der Hitze und wegen der gefährlichen UV-Strahlung. Verschärft wird die Situation noch dadurch, dass Vitamin D3 kein gewöhnlicher Nahrungsbestandteil ist.

Vitamin D3 – das Mangelvitamin

Im Alter kann nur noch ein Drittel des Vitamin D3 gebildet werden, da die Rezeptoren in der Haut auch altern und es weniger davon gibt. Somit kann es auch mit ausreichend Sonneneinstrahlung zu einem Mangel kommen.

Das bedeutet, Vitamin D3 ist nur über die Sonne zu bekommen, nicht über die Ernährung. Wir müssten also über die Sommermonate unseren Speicher sogar überfüllen, um die Monate von November bis April – in denen kein Vitamin D3 gebildet wird – auszugleichen. Also auch wenn Sie im Winter beim Skifahren braun werden, bedeutet das nicht, dass Sie Vitamin D3 getankt haben – leider. Wenn Sie sich also auch nicht jeden Tag von Mai bis Oktober in die pralle Sonne legen können oder wollen, gehören Sie mit hoher Wahrscheinlichkeit auch zu den 80 Prozent der deutschen Erwachsenen und 98 Prozent der deutschen Kinder, die laut Deutscher Gesellschaft für Ernährung (DGE) Vitamin-D-Mangel haben. Diese Zahlen decken sich mit den Beobachtungen aus meiner Praxis. Auch meiner Erfahrung nach haben die meisten Menschen

Vitamin D3

- Vitamin D3 steht als Sonnenvitamin für gute Laune, Leistungsfähigkeit, gesunde Knochen und Zähne und gut funktionierende Muskeln.
- Über Vitamin D3 gibt es mehr als 1000 Veröffentlichungen. Somit ist das die größte Untersuchung des letzten Jahrzehnts.
- Vitamin D3 ist kein gewöhnlicher Nahrungsbestandteil und muss über Sonneneinstrahlung gebildet werden oder über Nahrungsergänzung zugeführt werden.

einen zu niedrigen Vitamin-D3-Spiegel und wissen es nicht. Insbesondere auch Kinder, die noch im vollen Wachstum stehen. Ein guter Orthopäde rät daher zur Einnahme von Vitamin D3 bei Kindern und Jugendlichen. Ich habe in meiner Praxis bei Hunderten von Menschen den Vitamin-D-Spiegel bestimmen lassen. Und raten Sie mal, wie viele davon einen schlechten oder gravierend schlechten Vitamin-D-Spiegel hatten?

Ich sage es Ihnen: 100 Prozent. Nach vielen Jahren Recherche und weiteren Tests bin ich zu dem Ergebnis gekommen: Vitamin D3 Mangel ist ein Massenphänomen. Ich empfehle Ihnen, einen Bluttest zu machen. Der zu untersuchende Wert heißt: 25 OH D3. Ein Wert zwischen 70–90 ng/ml wäre aus meiner Sicht „im grünen Bereich“.

Vitamin C

Ist essenziell, das heißt lebensnotwendig, wir können es selbst nicht herstellen und müssen es täglich mit der Nahrung zu uns nehmen, da es wasserlöslich ist und nicht gespeichert werden kann.

Deshalb ist es für mich wichtig, genau darauf zu achten, dass die wertvollen Vitamin-C-Spender wie Obst und Gemüse auch wirklich frisch sind. Nur so ist gewährleistet, dass auch noch Vitamin C enthalten ist, denn Vitamin C ist ein instabiles Vitamin. Es kann bei warmer Lagerung, langem Transport oder durch Erhitzen zerstört werden. Aus verschiedenen Gründen kommt es manchmal zu

Vitamin C

Vitamin C unterstützt uns bei:
- Stärkung des Immunsystems
- Straffung des Bindegewebes
- Entgiftung
- Verbesserung der Aufnahme von Eisen
- Stabilisierung von Muskeln, Gelenken, Haut und Knochen
- Erhaltung der Sehkraft
- Bindung von freien Radikalen
- Schutzt der Gefäße

einem Vitamin-C-Mangel. Es wird zu wenig über die Nahrung aufgenommen oder durch Vitamin-C-Räuber wie Stress, Angst, Rauchen, Alkohol, Schwangerschaft, Umweltgifte und manches mehr verbraucht. Machen Sie sich schlau.

Omega-3-Fettsäuren

Omega-3-Fettsäuren sind hochwertige Fette für den Zellschutz und Fettstoffwechsel. Diese Fettsäuren können sich ohne Umwege in unsere Zellmembran und in der Zelle einbauen. Zu den positiven Eigenschaften der Omega-3-Fettsäuren zählen insbesondere entzündungshemmende Aspekte. Das ist sehr wichtig für die Gesunderhaltung, denn mit Entzündungen fangen die meisten schlechten Veränderungen in unserem Körper an. Erforscht wurde die Wirkung von Krillöl erstmals bei den Grönlandeskimos. In Studien wurde festgestellt, dass die gängigen Zivilisationserkrankungen bei den Eskimos wesentlich seltener auftraten als in der westlichen Welt. Zurückzuführen ist das auf die Ernährung der Eskimos mit viel fettem Fisch. Denn Omega-3-Fettsäuren sind essenziell, das bedeutet, wir müssen diese über die Nahrung aufnehmen. Unser Körper kann Sie nicht selbst herstellen.

Krillöl – die gute Alternative zu Fisch

Vielleicht essen Sie Fisch nur ab und zu, rein aus Genuss, aber sicherlich nicht dreimal pro Woche. Ich auch nicht, denn anders als bei den Eskimos stellt sich bei uns schon mal die Frage, woher kommt der Fisch? Wie frisch ist er? Stammt er aus einer Zucht oder aus dem Meer? Ist er mit Schwermetallen und Antibiotikarückständen belastet? Dass diese Befürchtungen keineswegs übertrieben sind, beweist die norwegische Regierung, die ihren Landsleuten abrät, Fisch aus Züchtungen im eigenen Land zu essen, weil dieser so schwer belastet ist. Grotesk, finde ich. Daher beziehe ich die wertvollen Omega-3-Fettsäuren aus Krillöl. Hier weiß ich genau, was drin ist und meine Versorgung mit Omega-3-Fettsäuren ist in ausreichendem Maß gewährleistet. In großen Schwärmen lebt der Krill im Antarktischen Ozean. Krill ist ein krebsartiges Lebewesen, dessen Nahrungsquelle Plankton ist. Das eisklare Wasser des Antarktischen Ozeans ist weitgehend frei von Verschmutzungen. Zudem steht der Krill ganz unten in der Nahrungskette. Die Fangquote des Krills liegt bei max. 0,03 Prozent der geschätzten Gesamtmenge und ist somit ECOSAFE.

Anti-Aging inklusive

Anders als bei herkömmlichen Fischöl ist Krillöl zudem nicht an Triglyceride gebunden, sondern besteht aus Phospholipiden. Das hat den Vorteil, dass alle positiven und dem Fischöl zugeschriebenen Eigenschaften noch effizienter vom Körper aufgenommen und genutzt werden können. Krillöl ist auch reich an Astaxanthin – daher auch die schöne rote Farbe. Das ist ein Supercarotinoid, das nur im Meer vorkommt und zudem eines der besten Antioxidantien der Welt ist. Das nennt man auch Anti-Aging. Antioxidantien schützen die Zellen vor freien Radikalen und verlangsamen den Alterungsprozess.

Carnitin

Carnitin ist eine natürlich vorkommende chemische Verbindung, die aus den Aminosäuren Lysin und Methionin hergestellt wird.

Ungefähr 20 % unseres Carnitinbedarfs kann der Körper selbst produzieren, der Rest muss über die Nahrung zugeführt werden. Die vitaminähnliche Substanz kommt in unserer Nahrung eigentlich nur im Fleisch vor. Wer also wenig Fleisch isst, kann einen Carnitin-Mangel haben.

Zu spüren bekommen das Betroffene häufig beim Versuch abzunehmen, denn Carnitin ist wichtig für unseren Fettstoffwechsel. Die Aufgabe von Carnitin ist es, die Fette in die Zellen zu bringen und dort in Energie umzuwandeln. Wenn hingegen nicht ausreichend Carnitin im Körper vorhanden ist, dann findet dieser Vorgang schlichtweg nicht statt und der Körper kann nicht auf Fettverbrennung zurückgreifen, sondern läuft auf Kohlenhydratstoffwechsel.

Ein praktisches Beispiel:

- Ohne ausreichend Carnitin kann im Körper Folgendes passieren: Sie essen mittags Nudeln mit Fisch. Dann gehen Sie wandern. Nach zwei Stunden bergauf sind die Kohlenhydrate, sprich der Zucker, den Sie brauchen, um die Muskulatur in Bewegung zu setzen, aufgebraucht und Ihr Körper reagiert logischerweise mit dem Befehl: Ich brauche Zucker. Also Pause machen, Rucksack auf und los geht's: Riegel, Brot, Kekse, Apfelschorle – irgendetwas, das schnell Zucker spendet. Rucksack zu, weiter geht's.
- Mit ausreichend Carnitin kann im Körper Folgendes passieren: Wenn der Zucker aus den Nudeln verbraucht ist und Ihr Körper weitere Energie benötigt, dann kommt das Carnitin ins Spiel. Carnitin transportiert dann das Fett aus den Depots in die Zellen und dort wird das Fett in Energie umgewandelt. Das heißt, wir sind wesentlich länger leistungsfähig und verbrennen dabei auch noch unser Fett.

Carnitin wird schon lange beim (Leistungs-)Sport eingesetzt, weil es die Energieleistung der Muskulatur erhöht, die Regeneration unterstützt. Carnitin wird in Sportlerkreisen auch als das Non-Dopingmittel bezeichnet. Wer also mehr Energie haben möchte und/oder dabei auch noch an seinen Speck ranwill, der kann sich um sein Carnitin kümmern. Machen Sie sich schlau.

Der heilsame Schlaf

Gut und tief schlafen – für viele undenkbar – aber so wichtig

Die neueste Studie besagt: jeder 4. Deutsche schläft schlecht. Das höre ich auch immer wieder in meiner Praxis. Schlecht zu schlafen ist für vieles schlecht: für die Gesundheit, die Laune, das Gewicht, das Umfeld und vieles mehr. Schlecht zu schlafen kann auch Übergewicht erzeugen. Warum? Wenn Sie gerädert und müde aufwachen, produzieren Sie sofort Stresshormone – und die machen Hunger. Oft wird die Müdigkeit auch einfach weggegessen: mit Kuchen, Riegeln, süßen Stücken oder weggetrunken mit zuckerhaltigen Koffeinlimonaden oder Kaffee. Nicht umsonst heißt es auch »der Schönheitsschlaf«. Im Schlaf produzieren wir Hormone, die uns reparieren und regenerieren.

Sie können viel dazu beitragen, Ihren Schlaf zu verbessern. Ich wünsche Ihnen erholsame, heilsame Nächte.

Meine Erfahrung aus vielen Jahren Praxis: Sie können selbst viel für Ihren Schlaf tun.

- Abends nicht zu spät essen – nach 19 Uhr sollte eigentlich Schluss sein.
- Viele Menschen, oft Frauen, vertragen es überhaupt nicht, abends tierische Produkte zu essen.
- Fleisch liegt bis zu 6 Stunden im Magen und sondert Gifte ab. Es verwest sozusagen.
- Wer eine schwache Magensäure oder langsame Verdauung hat, der sollte abends keine tierischen Produkte essen.
- Diese Gifte belasten Ihren Körper zu sehr. Das kann sich äußern in: morgendliche Übelkeit, unstillbarer Durst, Rücken- und Muskelschmerzen, schlechte Laune, geschwollene Augen.
- Abends keine Rohkost oder Obst essen, wenn Sie zu Blähungen neigen.
- Wenig Alkohol trinken.
- Keine belastenden Filme oder Diskussionen ansehen kurz vor dem Schlafengehen.
- Lebensmittel mit viel Tryptophan essen.

Schlecht zu schlafen hat Auswirkungen auf viele Bereiche. Auf die mentale Leistungsfähigkeit, es kann zu Gedächtnislücken, Reizbarkeit, Psychosen und sehr schlechter Laune führen. Das Immunsystem und das Herz können geschwächt werden, die Muskeln können schmerzen und das Risiko für Fettleibigkeit erhöht sich stark. Schlafentzug kann sich tagsüber anfühlen, als ob wir getrunken hätten: Die Sprache ist verwaschen, die Konzentration im Keller. Häufiges Gähnen kann die Mitmenschen irritieren und einem selbst Stress verursachen. Der einzige Gedanke ist dann: Hoffentlich kann ich nächste Nacht besser schlafen. Und schon wieder haben wir Stress. Kümmern Sie sich um einen erholsamen Schlaf.

Das Schlafzimmer spielt eine entscheidende Rolle

Was ich hier sehr wichtig finde:

- Alles was, Strom oder Strahlen erzeugt, aus dem Schlafzimmer verbannen oder vor dem Schlafen überall den Stecker ziehen, wie TV, Radiowecker, Handy (ausmachen), Nachttischlampen
- Einfacher ist aber Stromabschaltung – damit Sie sich komplett ohne Elektrosmogbelastung regenerieren können. Das kann ein Elektriker ganz einfach kostengünstig in den Stromverteilerkasten einbauen. Wenn Sie dann abends das letzte Licht ausschalten, fährt die Stromversorgung runter, wenn das Licht wieder angemacht wird, fährt sie wieder hoch.
- Allein die Umstellung auf ein stromfreies Schlafzimmer hat vielen meiner Patienten den ersehnten Schlaf wiedergebracht.
- Immer gut lüften. Auch nachts das Fenster zumindest kippen.
- Keine Pflanzen im Schlafzimmer mit echter Erde. Hier ist die Gefahr der Schimmelpilzbelastung. Und das ist schlecht für das Immunsystem und alle Schleimhäute.
- Bei den Kopfkissen und Bettdecken bevorzuge ich Naturmaterialien.
- In der Tiefschlafphase reparieren und regenerieren wir unseren Körper und Geist.
- Und können morgens gut erholt in einen neuen Tag starten.

Der Säure-Basen-Haushalt

Ob eine Flüssigkeit in unserem Körper sauer oder basisch ist, hängt von einem niedrigen oder hohen pH-Wert ab. Der pH-Wert ist sozusagen die Maßeinheit, um auszudrücken, ob eine Lösung basisch oder sauer ist. Der Wert gibt die Anzahl der freien Wasserstoffatome in unseren Flüssigkeiten an. Wasser z. B. hat einen pH-Wert von 7, der als neutral gilt. Je niedriger (kleiner als 7) der pH-Wert, desto saurer, je höher (größer als 7), desto basischer ist das Milieu. Messen können wir ihn in Urin, Blut, Speichel und im Stuhl. Der pH-Wert eines Neugeborenen beträgt 7,38, d. h., dass unser Körper leicht basisch ist oder sein sollte, denn das Verhältnis von Säuren und Basen verschiebt sich je nachdem, ob säure- oder basenbildende Lebensmittel verzehrt werden.

Die Säure zwingt den Körper zur Bildung von sauren Salzen, sogenannten Schlacken. Wenn sich zu viele Säuren im Körper befinden, muss dieser sie neutralisieren. Dies geschieht unter Zuhilfenahme von Mineralstoffen aus den körpereigenen Mineralstoffdepots, wie Knochen, Gefäße, Knorpel, Blut, Zähne, Haare. Das Verhältnis von Säuren und Basen im einem pH-Bereich von 7 gilt es aufrechtzuerhalten, damit Körper und Geist funktionstüchtig bleiben, denn zu viel Säure behindert lebenswichtige Stoffwechselvorgänge. Wo es zu sauer wird, da stirbt das Leben – das gilt für Bäume wie für uns Menschen. Ein Zuviel an Basen muss umgekehrt ebenfalls durch Säure ausgeglichen werden.

Warum ist der Säure-Basen-Haushalt so wichtig?

Unser Säure-Basen-Haushalt zeichnet sich durch seine enorme Pufferkapazität aus. Durch unsere Ernährung und schnelle Lebensführung neigt der Stoffwechsel dazu, zu viele Säuren zu bilden. Die meisten Menschen sind heute daher übersäuert, d. h., sie beanspruchen ihre Basen stark. Es gibt zwar Gegenregulatoren, wie die Lunge, über die man Säure in Form von Kohlendioxid abatmet, oder die Niere, über die Säure ausgeschieden wird, oder auch die Haut, die Säuren mit dem Schweiß ausscheidet. Sind diese Gegenregulatoren aber durch zu viel Säure überlastet, muss das Bindegewebe die Folgen tragen – es übersäuert. Zu viel Säure wird auch bei einer negativen Gefühlslage mit Stress, Angst und Trauer gebildet. Auch Extremsport oder chronische Gärungsvorgänge im Darm sind ein Grund, ebenso wie Bewegungsmangel und Übergewicht.

Basenbildende Lebensmittel

- Obst
- Gemüse
- Salat
- Kräuter
- Wasser

Säureerzeugende Lebensmittel

Zu den Lebensmitteln, die Säuren erzeugen, gehören vor allem die tierischen Lebensmittel, wie Fleisch, Fisch, Eier, Käse, Quark, deren Proteine viele saure Mineralstoffe enthalten, wie Schwefel, Fluor, Jod, Chlor, Phosphor. Sie müssen im Körper durch körpereigene Mineralstoffe neutralisiert werden. Außerdem bilden alle schlechten Kohlenhydrate, wie Weißmehl, Kuchen, Nudeln, polierter Reis, Säure, denn sie werden sauer verstoffwechselt, obwohl sie selber keine sauren Mineralstoffe enthalten.

Den Säure-Basen-Haushalt harmonisieren

Wenn Sie sich nach den Kriterien von welleat ernähren, dann essen Sie ohnehin nur so viel Eiweiß, also säurebildende Lebensmittel, wie Sie brauchen, um Ihren Eiweißbedarf zu decken, und nicht mehr. Dazu kombinieren Sie immer basenbildende Lebensmittel wie Gemüse, Obst und Salat. Durch die Reduktion schlechter Kohlenhydrate verringern Sie in großem Maß die Aufnahme von säurebildenden Lebensmitteln. Für den Säure-Basen-Haushalt ist es außerdem wichtig, sich regelmäßig zu bewegen. Dadurch versorgen Sie den Körper optimal mit Sauerstoff und erleichtern so den Säureabbau. Zweimal pro Woche mindestens 30 Minuten lockeres Ausdauertraining, zum Beispiel Joggen, Nordic Walking oder Fahrrad fahren, sind ideal. Ich empfehle in der Praxis Basenmittel, die auf Citratbasis hergestellt werden. Durch das Enzym aus der Zitrone erhöht sich die Bioverfügbarkeit der Mineralien.

Den pH-Wert können Sie selbst optimal mit Teststreifen aus der Apotheke über Ihren Speichel bestimmen. Der pH-Wert des Speichels ist über den Tag gesehen konstant und sollte immer einen Wert zwischen 7 und 8 haben.

Um festzustellen, ob auch Sie übersäuert sind können Sie sich folgende Fragen stellen:

- Bin ich sauer? Reagiere ich oft und schnell sauer auf meine Umwelt?
- Habe ich Probleme mit den Knochen, Zähnen, Nerven oder Muskeln?
- Kann ich mich schlecht konzentrieren?
- Bin ich nervös?
- Bin ich stressempfindlich?
- Habe ich Wassereinlagerungen?
- Habe ich ein schlechtes Bindegewebe?

Kurz gefasst: Der Säure-Basen-Haushalt

Ob eine Flüssigkeit in unserem Körper sauer oder basisch ist, hängt von einem niedrigen oder hohen pH-Wert ab. Der pH-Wert ist sozusagen die Maßeinheit, die ausdrückt, ob eine Lösung basisch oder sauer ist. Wir können den pH-Wert unseres Organismus, der sich optimalerweise bei 7,3 befinden sollte, maßgeblich durch unser Verhalten sowie durch Bewegung und Nahrungsaufnahme beeinflussen, um zu körperlicher und geistiger Maximalkraft zu kommen und um Krankheiten zu verhindern. Dazu ist es wichtig, viel basenbildende Lebensmittel zu essen, wie Obst, Gemüse oder Salat, und weniger säurespendende, wie Fleisch, Eier und Milchprodukte, sowie ausreichend Wasser zu uns zu nehmen. Diese Kriterien sind bei welleat erfüllt, denn Sie essen nur so viel säurespendende Lebensmittel, wie Sie brauchen, um den Eiweißbedarf zu decken.

Der Salzhaushalt

Salz ist für unsere Gesundheit genauso wichtig wie Wasser. Ohne Salz und ohne Wasser ist Leben nicht denkbar. Salz ermöglicht die elektrische Leitfähigkeit und übernimmt damit die Übertragung von elektischen Ladungen von einer Zelle zur anderen. Ein uns aus dem Physikunterricht bekannter Versuch zeigt dies sehr anschaulich: Zwei Enden eines unterbrochenen Stromkreises, an den eine Glühbirne geschaltet ist, werden in ein Glas mit destilliertem Wasser, das also keine Salze enthält, getaucht. Die Lampe brennt nicht, denn das Wasser besitzt keine Leitfähigkeit. Wird nun eine kleine Prise Salz ins Wasser gegeben, fängt die Lampe an zu leuchten.

Kochsalz, wie wir es in unseren Supermärkten finden, hat nichts mit dem Salz zu tun, wie es ursprünglich zusammengesetzt war. Natürliches Salz besteht aus 84 Mineralstoffen und Spurenelementen, die für uns direkt verfügbar sind und den Mineralien in unserem Blut entsprechen. In 1 Liter Blut haben wir 9 Gramm Salz.

Vom weißen Gold zum weißen Gift

Salz wurde lange das weiße Gold der Erde genannt. Warum ist man heute von dieser Bezeichnung abgekommen? Die Antwort ist einfach: Man bezeichnet nichts als Gold, das giftig ist. Zur Zeit der Industrialisierung wurde begonnen, das weiße Gold zu raffinieren. Aus den ursprünglich 84 Elementen wurden 82 herausgewaschen und übrig blieben Natrium und Chlorid – unser heutiges Kochsalz.

Natrium ist enthalten in unraffiniertem Salz, Soja, Bohnen, Vollkornprodukten, Mandeln, Fisch und Fleisch.

Die chemische Industrie hat sich das Natriumchlorid als Rohstoff für die Herstellung von Salzsäure, Soda, Chlor, Seife- und Farbprodukten und vielem mehr zunutze gemacht. Leider ist diese chemische Verbindung für uns eine aggressive Substanz. Die Aggressivität wird durch Zugabe von Jod noch verstärkt. Da 93 Prozent der Salzgewinnung in die Chemie fließen und nur 7 Prozent in die Lebensmittel, bekommen wir das aufgetischt, was für chemische Vorgänge am besten funktioniert: Wir benutzen heute in der Küche das gleiche Salz zum Kochen wie für unsere Spülmaschine, denn das beste Salz für die Reinigung ist Natriumchlorid. Da kann man doch ins Grübeln kommen… vor allem, wenn man bedenkt, wie wertvoll das Ursalz für unsere Vitalität und Gesundheit ist.

Salzmangel trotz Natriumüberschuss

Viele Menschen leiden heute an Salzarmut, obwohl sie mit Natriumchlorid übersättigt sind. Wir brauchen am Tag etwa 0,2 Gramm natürliches, nicht raffiniertes Salz, damit alle elektrischen Körperabläufe reibungslos funktionieren. Die durchschnittliche Natriumchloridaufnahme – ich nenne es nicht Salz, denn es ist keines – liegt bei uns jedoch sogar bei 13 bis 19 Gramm. Es kommt überall vor: in Brot, Wurst, Käse, Fertigprodukten. Ausscheiden können wir über die Niere aber bloß 6 bis 8 Gramm am Tag. Da aber der Körper Natriumchlorid als schädliche Substanz erkennt, versucht er noch mehr auszuscheiden, d. h., unsere Niere wird überlastet. Der Rest, der nicht ausgeschieden werden kann, wird von unserem wertvollen Zellwasser ummantelt, es kommt zu Ödemen an Armen und Beinen, Herzproblemen, Lungenproblemen und vielem mehr. Zellen, denen Wasser entzogen wurde, sterben ab. Auch das nennt man Alterung – bei manchen schon sehr frühzeitig.

Ich setze mich sehr für ein Umdenken hinsichtlich der Gewinnung und Verwendung von Salz ein. Je mehr Menschen nachfragen, desto größer ist die Chance, dass wir wieder mit gutem Salz versorgt werden – denn der Verbraucher hat die Macht.

Auswirkungen von zu viel reinem Natriumchlorid

Die Natrium-Kalium-Pumpe, die für den aktiven Transport von Stoffen durch die Zellmembran in die Zelle hinein und auch hinaus lebensnotwendig ist, funktioniert nicht mehr richtig, denn es fehlt Kalium im Kochsalz: Die elektrische Spannung zwischen den Zellmembranen leidet und ist sozusagen unterbrochen. Die Folgen können Müdigkeit, Verstopfung, Schwindel, Gereiztheit, veränderte Herztätigkeit und vieles mehr sein.

Welches Salz noch Gold ist

Für mich gibt es nur noch eines, zurück zu dem, wie es mal war: unraffiniertes Salz, wie Kristallsalz, Steinsalz oder Meersalz. Wir brauchen dringend gutes Salz, da es alle wichtigen Mineralien und Spurenelemente enthält. Am besten kauft man es im Bioladen, denn dort gibt es das Salz ohne Rieselhilfen, die im Verdacht stehen, die Krankheit Alzheimer zu verursachen, da sie Aluminium enthalten. Überdenken Sie bei Ihrem Einkauf auch, wo Sie Wurst, Käse, Brot und sonstige Lebensmittel kaufen. Fragen Sie deshalb beim Metzger, Bäcker oder im Bioladen nach Produkten mit unraffiniertem Salz. Ein Umdenken ist dringend notwendig.

WASSER
SSER
WASSER
WASSER

Warum Trinken so wichtig ist

Der Mensch besteht zu etwa 70 Prozent aus Wasser. Wer zu wenig trinkt, riskiert Konzentrationsmangel, Kopfschmerzen, Müdigkeit und Muskelschmerzen – und nicht zuletzt leidet die Schönheit. Wie viel wir trinken müssen und welche Getränke wirklich sinnvoll sind.

Richtig trinken

Trinken, trinken, trinken... heißt es immer. Jeder weiß es – doch kaum einer tut es. Ungefähr 90 Prozent der Patienten in meiner Praxis, die meine Kolleginnen und ich danach fragen, was und wie viel sie trinken, antworten folgendermaßen: »Ja, ja, ich weiß schon, man soll viel trinken ... aber ich tue es nicht.« Meine Erfahrung ist, dass wir erst anfangen zu trinken, wenn wir wirklich verstehen, warum das so wichtig ist. Und dass wir erst anfangen, das Richtige zu trinken, wenn wir wissen, warum.

Ein typischer Fall aus der Praxis

Eine sehr übergewichtige Patientin kam zu mir wegen ihrer starken Migräne, die sie seit Jahren plagte. Ich fragte sie, wie viel sie denn trinken würde, und bekam folgende Antwort, die kein Einzelfall ist: »Ach, daran kann es nun wirklich nicht liegen, ich trinke literweise.« »Und was?«, fragte ich. »Cola und Eistee«, war die Antwort, »aber ich verspreche Ihnen, dass ich davon wirklich genug trinke.« Ich glaubte ihr das aufs Wort, denn genau so sah sie auch aus. Bei Cola ist es allgemein bekannt, aber bei Eistee übersehen viele auf dem Etikett, dass er zu 50 Prozent aus Zucker besteht! Ich fragte die Patientin dann, was sie meine, welche Flüssigkeit sich in unseren Zellen befände. »Wasser«, war die stolze Antwort; richtig, und keine Cola und kein Eistee.

Der Mensch besteht aus Wasser

Bei der Geburt bestehen wir zu 90 Prozent aus Wasser. Dieser hohe Gehalt nimmt relativ schnell ab, wir verlieren also schon als Baby Wasser. Im Erwachsenenalter bestehen wir dann nur noch zu ca. 60 bis 70 Prozent aus Wasser. Diesen Anteil gilt es, möglichst zu halten, denn unser Alterungsprozess bedeutet auch Wasserverlust in den Zellen – was sich dann als Falten, Vitalitätsverlust und vieles mehr bemerkbar macht. Wir können den Alterungsprozess zwar nicht anhalten, aber wir können ihn durch richtiges Verhalten natürlich ablaufen lassen, und zwar so, dass wir mit 40, 50 oder 60 Jahren auch ungefähr altersentsprechend aussehen und nicht mit einem vertrockneten Apfel verwechselt werden.

Was brauchen unsere Zellen, um arbeiten zu können? Um gesund zu bleiben und richtig funktionieren zu können, brauchen sie: Wasser! Denn Zellen, denen das Wasser fehlt, schrumpfen. Dieses Schrumpfen hinterlässt Falten, die wehtun! D. h., wenn die Zelle zu wenig Wasser enthält, kann sie nicht arbeiten und erzeugt in der Folge Schmerzen. Ein Beispiel: Eine Bandscheibe – auch diese besteht aus Zellen –, die nicht genug Wasser hat, verliert an Höhe und dadurch auch ihre Fähigkeit, plötzliches Gewicht oder harte Stöße abpuffern zu können. Die Falten, die durch das Schrumpfen entstehen, hinterlassen Schmerzen. Und auch durch die Überbelastung der umgebenden Bänder und Muskeln entstehen Schmerzen. Ich spreche hier vom »lokalen Durstschmerz«, dem Schmerz, der durch Flüssigkeitsmangel bedingt ist. Viele Patienten in meiner Praxis sind allein durch richtiges Trinken Probleme, wie z. B. Kopfschmerzen oder Rückenschmerzen, losgeworden, oder die Stärke der Schmerzen reduzierte sich zumindest deutlich.

Prall gefüllte Zellen erreicht man am besten, indem man dem Körper genau das zuführt, was er auch direkt verwerten kann: Wasser und nicht Tee oder Saft. Das Wasser sollte ohne irgendwelche Zusätze wie Kohlensäure, Sauerstoff, künstliche Geschmacksstoffe oder Aromen sein. Der Nachteil von Kohlensäure ist der Säuregehalt. Diese sollten wir tunlichst meiden, denn Säure nehmen wir schon zwangsläufig auf, in der Regel sogar zu viel; und das ist schlecht (siehe Kapitel »Der Säure-Basen-Haushalt«, Seite 89).

Viele Patienten in meiner Praxis sind allein durch richtiges Trinken Probleme, wie z. B. Kopfschmerzen oder Rückenschmerzen, losgeworden, oder die Stärke der Schmerzen reduzierte sich zumindest deutlich.

Unser Gefühl trügt uns

Oft meinen wir, Hunger zu haben, verwechseln dieses Gefühl aber mit Durst. Probieren Sie es aus: Wenn Sie Hunger verspüren, trinken Sie ein großes Glas frisches, klares Wasser; Sie werden erstaunt sein, dass Sie sich schon nach kurzer Zeit besser fühlen.

Wie viel sollte man wann trinken?

Am effektivsten ist es, morgens, direkt nach dem Aufstehen einen halben Liter nicht ganz kaltes, am besten lauwarmes Wasser zu trinken, bevor Sie etwas anderes zu sich nehmen, um erst einmal den Flüssigkeitsverlust der Nacht auszugleichen. Während des Essens empfiehlt es sich, kein Wasser zu trinken, denn es stört den Verdauungsvorgang, da es die Magensäure verdünnt. Trinken Sie stattdessen eine Viertelstunde vor dem Essen oder eine halbe Stunde nach dem Essen Wasser. Auch zwischendurch empfiehlt es sich, immer mal wieder ein Glas Wasser zu trinken. Wenn Sie keinen Durst verspüren oder nicht mitrechnen wollen, stellen Sie sich am besten an Ihren Arbeitsplatz oder zu Hause an einen Platz, an dem Sie oft vorbeikommen, eine schöne Zwei-Liter-Karaffe, und füllen Sie diese morgens mit Leitungswasser oder stillem Wasser auf. Dann haben Sie eine bessere Kontrolle, wie viel Sie getrunken haben. Das Trinken wird auf diese Weise schnell zur Gewohnheit, wenn Sie wissen: Diese Karaffe soll ich heute austrinken. Wenn Sie regelmäßig trinken, lernen Sie auch, das Durstgefühl wieder wahrzunehmen. Probieren Sie es aus.

Stellen Sie das Wasser so, dass Sie es oft am Tag sehen können, dann werden Sie automatisch an das Trinken erinnert.

Was sollte man zum Essen trinken?

Wasser empfiehlt sich nicht. Doch was ist dann richtig? Sie können Wein und Bier trinken, denn diese zählen, wie Sie jetzt ja wissen, zu den Kohlenhydraten und nicht zu Flüssigkeiten. Damit will ich allerdings niemanden ermuntern, Alkohol zu trinken. Trinken Sie einfach zum Essen nichts und erst wieder danach.

Wie viel Wasser braucht der Körper?

Hierfür gibt es folgende Regel: Das Körpergewicht mal 3 geteilt durch 100 ergibt die Flüssigkeitsmenge in Litern. Ein Beispiel: 70 kg Körpergewicht x 3/100 = 2,1 l Wasser. D. h., bei 70 Kilogramm Körpergewicht brauchen die Zellen 2,1 Liter Wasser über den Tag verteilt, um arbeiten zu können.

Und außer Wasser?

Natürlich können Sie Tees, Milch oder andere Lieblingsgetränke trinken, Sie dürfen diese jedoch nicht zu Ihrer zu trinkenden Tagesmenge zählen. Und denken Sie bitte bei zuckerhaltigen Getränken oder Fruchtsaftschorlen daran: Sie brauchen Wasser für Ihre Zellen. Wenn Sie noch etwas anderes trinken, dann zum Genuss, als Kompensation oder aus anderen Gründen.

Fruchtsäfte

In meinen Augen sind Fruchtsäfte am schädlichsten, besonders für Kinder; vor allem die beliebte Apfelschorle. Überall sieht man Kinder, die dieses Gemisch trinken. Apfelschorle ist zwar sehr verdünnt, dennoch ist und bleibt es Zucker. Es gibt überhaupt keinen Grund, Kindern Apfelschorle zu geben, außer dem natürlich, dass sie in dem Moment dann ruhig sind. Das hat zunächst zwar Vorteile, rächt sich spätestens aber dann, wenn die Flasche leer ist und das Kind lauthals nach mehr verlangt. Das können wir den lieben Kleinen natürlich nicht abschlagen, denn wir sind doch froh, wenn sie trinken – also neue Apfelschorleflasche, neues Glück ... neues Geschrei. Dass das Kind nur nach neuem Trinken verlangt, weil es mehr vom selben möchte, ist uns leider nicht bewusst. »Mehr« heißt: mehr Zucker, mehr Befriedigung, mehr Geborgenfühlen im Zuckerflash. Leider bedeutet das auch mehr Verwirrung, denn so fühlt es sich an, wenn der Blutzucker zu weit absinkt. Die Begründung, Kindern wegen der Vitamine Apfelschorle zu geben, ist Unsinn. Die sollen sie lieber in Form von Obst zu sich nehmen, so wie es die Natur gedacht hat.

Eine neue Studie besagt, dass Kinder täglich etwa 150 Stück Würfelzucker in flüssiger und fester Form in der Nahrung zu sich nehmen und der Überschuss sofort als Fett gespeichert wird.

Was ist mit Fruchtzucker?

Obst enthält Fruchtzucker, der per se nichts Schlechtes ist, denn er geht langsam ins Blut und erhöht den Insulinspiegel nicht so schnell wie z. B. weißer Zucker. Doch warum ist das so mit dem Fruchtzucker? Warum geht er nicht so schnell ins Blut wie weißer Zucker?

Zum einen enthält Obst Faserstoffe, die den Zucker binden. So bremsen die Faserstoffe im Obst die Aufnahmegeschwindigkeit des Zuckers. Anders als der weiße Zucker geht er nicht direkt ins Blut, sondern muss erst in der Leber umgewandelt werden.

Bei Fruchtsäften mit Zuckerzusatz sieht das etwas anders aus: Dort sind zum einen die Faserstoffe entfernt worden, und vor allem ist weißer Zucker zugesetzt worden. Dieser hat keinen Umweg über die Leber nötig, kann direkt ins Blut übergehen und treibt so den Insulinspiegel in die Höhe. Das passiert direkt beim »Genuss«. Obstsäfte sind reine Insulinschleudern.

Was heißt das für unsere Kinder?

Jede Mutter ist zwar froh, wenn das Kind trinkt, doch wenn die Kleinen den ganzen Tag mit verdünnten Fruchtsaftgetränken oder mit Apfelschorle gefüllte Flaschen zur Verfügung haben, gehen davon nicht nur die Zähne kaputt, sondern viel mehr: Der Organismus und vor allem der Stoffwechsel der Kleinen kommen komplett durcheinander! Bei jedem Zug Apfelschorle rauscht der Zucker direkt ins Blut, jedes Mal wird Insulin ausgeschüttet. Die armen Kleinen – und keiner hat es gewusst.

Und nicht nur das: Durch die Insulinflut sinkt danach der Blutzucker rapide ab, und die Kleinen befinden sich im Zustand des Unterzuckers. Die Folgen kennen wir bei uns: Müdigkeit, Konzentrationsstörungen usw. Bei Kindern ist das auch so, es äußert sich nur etwas anders. Sie werden quengelig, hyperaktiv und nervig, verlangen dauernd nach etwas zu essen und können einem den letzten Nerv rauben. Sie wissen nichts mit sich anzufangen, denn sie kennen sich nicht mehr aus. Sie können mit diesem unguten Gefühl des Zuckerwahns erst einmal nicht umgehen. Dieses Gefühl drängt sich sozusagen ungefragt auf, macht sich breit, und die Kinder können sich plötzlich nicht mehr auf sich verlassen. Denn dieses Gefühl hat nichts mit dem zu tun, was gerade im Außen passiert ist. Also kann es nicht zugeordnet werden. Sie kommen komplett durcheinander. Je mehr und je öfter sie durcheinander kommen, desto mehr macht sich das Gefühl in den Kleinen breit, dass das wohl so sein muss, und sie fangen an, das »wirkliche« Leben komisch, unwirklich und befremdlich zu finden.

Der »süße« Kreislauf des Zuckerwahns

Den Kindern bleibt nur eines: Sie fordern ihren jetzt lieb gewonnenen, etwas benebelten Zustand ein, indem sie das zu sich nehmen, was die gewünschte Wirkung bringt: Apfelschorle, Süßigkeiten, Brezeln, Nudeln, Kekse und alles, was es sonst noch so an Kohlenhydratschleudern gibt. Durch den permanent hohen Insulinspiegel kann der Körper nicht auf seine natürlichen Zuckerreserven zurückgreifen, denn diese sind vom Insulin weggeschlossen. Das bedeutet, die Kinder brauchen immer wieder neue, schnelle Kohlenhydrate, denn ihr Gehirn benötigt Zucker, um arbeiten zu können. Sie fordern das also zu Recht. Die Eltern stehen machtlos davor und wissen nicht, wie es dazu kam, denn – »wir ernähren uns doch vollkommen gesund«, sagen die hilflosen, überforderten Eltern. Dass aus diesem Suchtverhalten andere Süchte und auch Krankheiten entstehen können, erklärt sich von selbst. Unsere Kinder werden süchtig gemacht, ohne dass es jemand wusste oder wollte, ohne dass sie zugeschüttet wurden mit Schokolade, Keksen oder Kuchen.

Natürlich ist die Reaktion des Körpers auf Süßigkeiten genauso, ich führe das nur nicht so lange aus, denn das ist schon allgemein bekannt. Ich bin selber Mutter und kann dieses Phänomen oft beobachten. Ich kann den Unterschied deutlich sehen bei meiner Tochter, die es nicht gewohnt ist, Apfelschorle oder ein Leckerli zu bekommen, und bei Kindern, die dauernd irgendwas zwischen die Zähne bekommen. Ob Saft, Brezel oder irgendetwas anderes, was die Kleinen so gerne mögen.

Frühe Fehler, späte Folgen

Viele denken, sie ernähren sich und ihre Familie richtig. Leider ist sehr oft das Gegenteil der Fall: Wie Fehlernährung schon im Kindesalter anfängt und welche Folgen Diäten haben können – eine Bestandsaufnahme mit praktischen Tipps.

Das süße Leben unserer Kinder

Auf den folgenden Seiten finden Sie einen provokanten Bericht über den Tagesablauf unserer Schüler. So und ähnlich habe ich es unzählige Male in der Praxis gehört. Warum haben wir bloß so viele schlechte Schüler? Wie kann man für die Schule lernen, wenn man sich gerade in einem Zucker-Insulin-Blutzuckerabfall-Rausch befindet? Die Ernährung unserer Schüler kann einem wirklich die Tränen in die Augen treiben!

Morgens am Schulkiosk

Schauen wir uns doch mal die Ernährung der Schüler an: Meist gehen sie ohne Frühstück aus dem Haus, dann gibt es in der Schule erst mal einen Koffeindrink zum Aufwachen und dann endlich in der ersten Pause hat der Schulkiosk auf. Gefüllt mit belegten Brötchen, mit einem leckeren Schokokuss, diversen Schokoriegeln, auch O-Schockriegel genannt. Also alles, was ein Schülerherz begehrt ... Die direkten Folgen sind: Unkonzentriertheit, Größenwahn, Müdigkeit, Aggressionen, psychosoziale Auffälligkeiten, schlechte Schulleistungen, kein Bock und vieles mehr.

Mittags Fastfood

Nach der Schule geht es dann zum Imbiss oder ins Fast-Food-Fachgeschäft. Dann gibt es erst einmal etwas Ordentliches zu essen und zu trinken. Einen von liebender Hand zubereiteten Burger: fettes Fleisch mit einem Brötchen, das sich geschmacklich nicht von einem Pappkarton unterscheiden lässt. Deswegen kommen auch noch Ketchup und eine mit feinen Aromen angereicherte Mayo-Soße drauf – denn sonst würde das doch kein Mensch essen. Nachmittags gibt's dann noch einen Riegel, und getrunken werden muss ja auch genug. Leider hat unseren Schülern noch niemand gesagt, dass wir keine Softdrinks in unseren Zellen haben, sondern Wasser.

Die direkten Folgen am Nachmittag

Nachmittags gibt es dann wahlweise eine Schlägerei, Depression oder einfach Rumhängen. Wenn die Müdigkeit fast unerträglich wird oder die Aggressionen ins Uferlose steigen, kann man sich mit einem Freund oder vielleicht doch besser noch mit einem aus einer Randgruppe ordentlich prügeln, denn das bringt den Kreislauf in Schwung und den Insulinspiegel runter. Ist gerade niemand zur Hand, kann man sich alternativ auch einen absoluten Null-Bock-Nachmittag gönnen, Grund genug gibt es ja. Dann lieber rumhängen und rauchen. Sport treiben ist nicht so gut, denn den 16- bis 18-Jährigen tut eigentlich immer der Rücken weh. Oder sonst etwas. Also lieber schonen. Du weißt schon – mein Kreuz tut so weh. Abends zu Hause gibt es dann ein ordentliches Abendessen. »Also ernähren wir uns doch gesund«, diesen Satz habe ich schon sehr oft in meiner Praxis gehört.

Auberginen und Zucchini sind doch das Gleiche, oder?

Neulich saß im Restaurant ein junger Mann bei mir am Nebentisch, der ganz interessiert in seinem Essen herumstocherte und sagte: »Ich glaube, ich mag keine Auberginen.« Ich sah auf seinen Teller, und es waren weit und breit keine Auberginen zu finden. Der Teller war voller Zucchini. Ich sagte dann: »Du meinst wohl Zucchini?« »Nein, nein, ich meine schon Auberginen, das ,was ich da esse.« Der Mann hatte wohl noch nicht viel Gemüse in seinem Leben gegessen. Und das war sicher kein Einzelfall. Es gibt Kinder, die halten Avocados für eine ganz spezielle Hunderasse, Maracujas für eine Boygroup oder Chinakohl für den Decknamen der neuesten Designerdroge. »Und Brokkoli ist doch irgendwas Unanständiges, oder?« Natürlich gibt

Fast-Food ist keine Alternative, denn gesunde Ernährung macht Spaß, klug und beweglich.

Die langfristigen Folgen dieser Ernährung

Die Folgen dieser Fehlernährung sind dramatisch – kaum zu beschreiben. Was soll mit den Diabetikern, Bluthochdruck-Patienten, Herzinfarktgefährdeten, Übergewichtigen und sonstigen erkrankten Menschen irgendwann geschehen? Wer soll das bezahlen? Und vor allem: Wer soll dann noch die Wirtschaft in Gang halten, wenn alle im Krankenhaus sind oder sich in Kur befinden? Vielleicht übertreibe ich etwas. Vielleicht aber auch nicht.

es auch andere Schüler. Ich habe hier nur die markantesten Beispiele herausgegriffen, die ich bei mir in der Praxis gesammelt habe. Und das macht mir nicht gerade Mut. Oder doch, genau deshalb sitze ich hier und schreibe. Vielleicht liest es jemand, Eltern oder Jugendliche. Denn es geht auch anders und macht viel mehr Spaß – und vor allem schlauer, aktiver und beweglicher; geistig wie auch körperlich. Was man dazu braucht, ist Nahrung in der richtigen Nährstoffzusammenstellung, die uns richtig ernährt.

Schokolade zum Trösten

Wir alle wissen: Wenn es uns schlecht geht, greifen wir oft bewusst oder unbewusst zu Schokolade, da sie uns tröstet. Der Kakao und der Zucker bewirken kurzfristig eine Hormonausschüttung (Serotonin), die uns glücklich macht und von unseren schlechten Gefühlen ablenkt. Schokolade gibt uns einen vorübergehenden Glücksrausch. So ist das auch bei Kindern: Durch Schokolade, die oft zum Trösten eingesetzt wird, wird ihnen suggeriert, dass alles gut ist und sie sich sofort besser fühlen und so das »Problem« vergessen. So lernen sie nicht, mit ihren Gefühlen umzugehen und es auch mal auszuhalten, negative Gefühle zu spüren, die aber sind wichtig und ganz normal. Und auch die Eltern müssen lernen, es auszuhalten, wenn das Kind mal richtig schimpft, weil es etwas nicht bekommt. Das Kind darf diesen Frust haben. Es muss lernen, diesen Frust mit sich selbst auszumachen, und gleichzeitig spüren, dass Sie bei ihm sind, es weiter lieb haben, aber dem Wunsch, jetzt Schokolade essen zu wollen, nicht nachkommen. Bekommen die Kinder bei jedem Wehwehchen, bei jedem Frust ein süßes Trösterchen, kann daraus ein »Sich-nicht-spüren« resultieren.

Eine Chance für die Kinder

Kinder müssen die Chance bekommen, auch mal negative Gefühle auszuhalten. Sie bekommen die Möglichkeit zu lernen, wie es sich anfühlt, wenn sie durch ihren Frust durchgehen und spüren: »Ich verdaue meinen Frust aus eigener Kraft – und mit der Liebe meiner Eltern.« Das macht Ihre Kinder stark. Sie haben es dann geschafft, eine für sie negative Situation von Anfang bis zum Ende durchzuspüren. Ein »Sich-nicht-Spüren« kann sich im späteren Leben in vielen Bereichen äußern, ich will hier nur mal Beziehungen und den Umgang mit sich selbst nennen. Aber wer denkt schon bei Schokolade, Apfelschorle oder anderer Fruchtsaftschorle an solche Folgen? Man wundert sich nur über die steigende Zahl der Kinder, die hyperaktiv sind, Lernschwierigkeiten haben, durch soziale Inkompetenz auffallen oder übergewichtig sind.

Kinder müssen die Chance bekommen, eine Frustsituation zu bewältigen, ohne ständig mit Süßem getröstet zu werden.

»Der Spiegel« schrieb schon im Oktober 2004 über das Essverhalten unserer Kinder sinngemäß und sehr treffend: Ausschlaggebend für den Kampf gegen die Fettsucht und Esssucht der Kinder ist, inwieweit es uns gelingt, die aggressive Werbung um Kinder abzuschaffen. Mit Sonderangeboten und vielversprechenden Werbeslogans werden die Kleinen in die Läden gelockt, in der Hoffnung, dass sie ihr Leben lang diesen Produkten treu bleiben. Weiter ist dort zu lesen: Politiker, Mediziner und Lehrer warnen, Deutschlands Nachwuchs wird immer dicker und träger. Unsere Kinder werden immer früher immer dicker aus Veranlagung, Erziehung, Maßlosigkeit oder Kummer. Und ohne die Eltern können wir da gar nichts ändern. Wer traurig ist, bekommt Schokolade, wer beim Zahnarzt nicht heult, ein Eis, wer hampelt, bekommt einen Keks. Nahrung wird zur Pauschalantwort auf alle negativen Gefühle, sobald dem Kind etwas die Kehle runterläuft, fühlt es sich besser.

Süßes ja – aber die richtige, gesunde Süße

Es gibt auch noch einen weiteren Grund, der es nicht einfach macht, Kinder von ihren geliebten Nudeln, Gummibärchen, Keksen oder süßen Breien abzubringen. Denn nach der chinesischen Lehre der fünf Elemente ist Süße der aufsteigende Saft – und den brauchen Kinder im Wachstum. Außerdem ist »süß« die erste Geschmacksrichtung, die sich bei gestillten Kindern ausbildet, denn die Muttermilch ist köstlich süß. Da Kinder in unbeschreiblichem Tempo wachsen, brauchen sie das Süße dringend, und sie fordern es auch von uns. Es liegt dann aber in der Hand der Eltern, welche Art des Süßen sie aussuchen – und das sollten wir nutzen, um den Kindern die Chance zu geben, einen normalen Geschmackssinn auszubilden und nicht Sklave einer Geschmacksverwirrung zu werden. Geschmacksverwirrung entsteht, wenn zu viele Lebensmittel verzehrt werden, die Aromen (oder Süßstoffe, siehe später in diesem Kapitel) enthalten, wie sie beispielsweise in Fruchtjoghurts, Fertigprodukten und anderem vorkommen. Wenn wir unseren Kindern Süßes geben wollen, sollten wir gleichzeitig auf jeden Fall darauf achten, dass auch bei den Kleinen der Blutzucker konstant bleibt und dass sie nicht in Unterzucker rutschen, denn bei Unterzucker werden Kinder plötzlich quengelig, aggressiv, richtig nervig oder haben ständig Hunger. Die Folgen sind dann Übergewicht und andere Krankheiten.

Der clevere Zwischensnack

Es ist ein großer Unterscheid, ob es sich um einen Schokoriegel oder um einen ausgeglichenen Zwischensnack handelt, der keinen raffinierten Zucker oder raffiniertes Mehl enthält, wie z. B. Vollkornkekse, Getreidebrei mit Reissirup, Bananenquark, Obst mit Käse, Joghurt mit Nüssen – der Phantasie sind keine Grenzen gesetzt. Ein gesunder Zwischensnack hilft den Kindern, ein gesundes Verhältnis zu ihren Bedürfnissen zu bekommen, denn sie werden mit allem versorgt, was sie brauchen. Wenn wir dann noch bei dem aus-

Alternative Süßigkeiten für Kinder

- Gummibärchen ohne Zucker und Gelatine
- Bitterschokolade mit Vollrohrzucker
- Vollkornkekse mit Vollrohrzucker
- Reisbrei (selbst gekocht) mit Banane, Reissirup, Quark oder Eiweißlingen
- Kuchen, selbst gebacken aus Vollkornmehl, Reissirup, Quark und Äpfeln
- Bananenquark
- Joghurt mit Obst und Nüssen
- Obst mit Käse
- Vollreiswaffeln mit Käse, Quark oder Joghurt

geglichenen Zwischensnack bedenken, dass die Kinder Aminosäuren für ihr Gedeihen brauchen, dann haben wir schon ganz viel gewonnen und vieles gut gemacht.

Raffiniert ist nicht gleichzusetzen mit clever

Unsere Kleinen brauchen für ihre Entwicklung vollwertige Lebensmittel aus unraffinierten Mehlen, unraffiniertem Zucker, unraffiniertem Salz und hochwertigen Aminosäuren, also Eiweißbausteinen. Nur wenn sie von diesen Lebensmitteln in ausgewogenem Maße bekommen, können sie wachsen, sich entfalten, ihr Immunsystem entwickeln und auch psychisch in einen ausgeglichenen Zustand kommen.

Eltern sollten vor allem auf die Ernährung ihrer Kinder achten, da in den ersten Jahren der Grundstein für spätere Ernährungsgewohnheiten gelegt wird.

Seelisch und körperlich stark sein

Es gibt sicherlich viele Gründe, und ich kann hier nicht alle Gründe abhandeln, die dazu führen, dass unsere Kinder sich nicht konzentrieren können, mittags nicht nach Hause zum Essen gehen, Kontaktschwierigkeiten haben oder unsoziales Verhalten an den Tag legen. Ich kann nur sagen, dass die Ernährung für alle wichtig ist, egal, in welcher familiären Situation, welchem sozialen Umfeld oder Lebensalter sie sich befinden. Denn ein gut ernährter Körper und dadurch gestärkter Geist kann mit Lebenssituationen besser, kreativer und produktiver umgehen und auch neue Wege finden, um sich aus einer schlechten Situation zu befreien. Eltern sind aufgerufen, sich um ihre familiäre Situation zu kümmern, d. h. sie sollten unbedingt ihre Beziehung, Ehe und Partnerschaft pflegen, sich um die Liebe und das Gelingen ihrer Partnerschaft bemühen und sich um die gesamte Familie kümmern.

Kinder und trinken

Durst! Schreien die Kinder und setzen sich an den gedeckten Tisch. Dann trinken sie große Mengen und los geht's mit dem Essen. Was passiert? Die Mägen der Kinder sind voll mit Wasser und es passt kaum noch Essen rein. Die Folgen sind, dass die Kinder zu wenig essen und nach kurzer Zeit wieder Hunger haben und quengeln. Zudem wird durch die verdünnte Magensäure die Nahrung nicht richtig aufgespalten und das Essen belastet und kann nicht verwertet werden. So können Kinder es nicht lernen, ein normales Gefühl von Hunger, Durst und Sattsein zu entwickeln. Wie bei Erwachsenen gilt auch bei Kindern das Trinkverhalten aus dem Kapitel WarumTrinken so wichtig ist.

Fehlernährung durch Diäten

Warum nur geht's mir dienstags immer so schlecht? Diese Frage hat mich fast wahnsinnig werden lassen, denn ich habe mir weitere Fragen gestellt wie: Was soll mir das sagen? Soll ich vielleicht dienstags lieber im Bett bleiben, weil mir etwas passieren würde? Fragen über Fragen, die unbeantwortet blieben. Tatsache war, dass ich dienstags Mühe hatte, richtig aufzuwachen, mir alles wehtat und ich schlechte Laune und Kopfweh hatte. Was war passiert? Da ich zu den ganz Gesundheitsbewussten gehörte, habe ich einmal pro Woche, nämlich montags, etwas ganz Gesundes nur für mich getan und einen Kartoffeltag eingelegt. Wie der Name schon sagt: Ich habe nur Kartoffeln gegessen. Dummerweise war montags mein längster und anstrengendster Arbeitstag als Physiotherapeutin, an dem ich alle meine Kohlenhydratreserven nach kurzer Zeit aufgebraucht hatte.

Ich habe dann schon um 11 Uhr Kartoffeln gegessen und mich gewundert, warum ich körperlich um die Uhrzeit schon so am Ende war und meine Mittagspause mir mindestens 2 Stunden zu kurz erschien. Um 14 Uhr habe ich dann solchen Hunger gehabt, dass ich eine große Portion Kartoffeln nachgeschoben habe. Kartoffeln sollen angeblich gesund sein und das Abnehmen fördern. Nachdem ich dann gegen 17 Uhr kaum mehr zu gebrauchen war, bin ich total erschöpft nach Hause gekommen, da ich ja einen anstrengenden Tag hatte. Ich bin dann ohne zu essen ins Bett gegangen, denn ich hatte ja schließlich einen ernährungsbewussten Tag. Nachdem ich mich dann am Dienstagmorgen gegen 10 Uhr aus dem Bett gequält hatte, ging es mir nachmittags nach einem Hähnchen endlich wieder gut. Ich wusste nicht, warum; das war das Frustrierende daran und gab mir ein Gefühl der Hilflosigkeit und des Ausgeliefertseins an scheinbar willkürliche, unberechenbare Gegebenheiten – eine unbefriedigende Situation! Ein echter Grund zum Forschen, dachte ich mir, denn so konnte es ja nicht weitergehen.

Lieber Leser, hätte mir vorher jemand gesagt, was ich mir damit antue, hätte ich mir viel Kummer erspart. Vielleicht können Sie auch so eine Geschichte erzählen. Vielleicht ist es bei Ihnen der Freitag, da Sie donnerstags abends immer mit der Firma ausgehen und lieber nur einen kleinen Salat (die Frauen) oder ein paar Biere zu viel (die Männer) zu sich nehmen.

Und heutzutage?

In meiner Praxis, beim Drehen oder zu Hause gibt es jetzt etwas nach dem welleat Konzept zu essen, z. B. Fisch oder Huhn mit Gemüse und Salat oder etwas anderes, das ich gerne esse – Hauptsache, es ist bei jeder Mahlzeit zu den guten Kohlenhydraten auch gutes Eiweiß kombiniert. Das lässt mich den ganzen Tag kraftvoll arbeiten, und ich mache nur deshalb eine Mittagspause, weil ich schöne Zeitschriften in der Praxis liegen habe. Ich muss doch mitreden können, wenn behauptet wird: »Trinkt Obstsäfte wegen der Vitamine«, oder »Kartoffeln machen schlank«. Oder wenn ich Werbung für Kinderschnitten mit dem Slogan sehe: »Für eine Extraportion Milch«. Besser sollte es heißen: Für eine doppelte »Extraportion Zucker und Insulin«. Die Balance macht es aus, wie wir uns fühlen. Probieren Sie es bitte aus. Spüren Sie den Unterschied, ob Sie nur Kohlenhydrate essen, ein gutes Eiweiß oder Eiweißlinge dazu kombinieren.

Der Lohn des richtigen Essens

- Kein Hunger für 3 bis 4 Stunden
- Besseres Allgemeinbefinden
- Bessere Konzentrationsfähigkeit
- Keine Heißhungerattacken
- Endlich keine Gewichtsprobleme mehr
- Mein Idealgewicht
- Keine Schmerzen (meistens)

Die Nachfrage bestimmt das Angebot

Die Nahrungsmittelhersteller reagieren eben auch nur auf die Nachfrage. Würden Fertigprodukte und Fast-Food nicht gekauft werden, würden sie auch nicht mehr hergestellt. Dann könnte sich auch die Ernährungspyramide ändern, in der nicht mehr Kohlenhydrate an erster Stelle stehen und am meisten gegessen werden sollen. Die Forschung hat schon lange erkannt, dass Kohlenhydrate Insulin produzieren und, wenn das im Übermaß geschieht, damit Schäden und Risiken einhergehen. Ändern können nur wir Verbraucher etwas, indem wir unser Konsumverhalten ändern. Kein Sportler z. B., der beruflich ja von seiner körperlichen Leistungsfähigkeit abhängt, würde morgens zwei Scheiben Brot mit Marmelade verschlingen, mittags 200 Gramm Nudeln, nachmittags ein Stück Kuchen und abends ein Bier und Brot mit fetter Wurst.

Ein Glück, die falschen, gesundheitsbewussten Zeiten sind vorbei, in denen es nur Kartoffeln mit Gemüse, Nudeln mit Gemüse, Reis mit Gemüse gab.

Die Ernährungsregeln von 1980

Als die Diskussion 1980 hohe Wellen schlug und es hieß, Fett sei die

Gegen den Diätenwahn

Noch nie wurden so viele Diäten gemacht, noch nie wurde so viel über Gewicht und Abnehmen gesprochen, noch nie hat man so viel über seine momentanen Befindlichkeitsstörungen geredet, noch nie gab es so viel Diabetes, Herz-Kreislauf-Erkrankungen, und nicht zu vergessen: Noch nie gab es so viele schlechte Schüler. Noch nie waren die Menschen so dick trotz (wegen) zahlreicher Diäten. Ich hoffe von Herzen, mit diesem Buch einen Beitrag leisten zu können, damit:

- Sie wieder Spaß am Essen haben.
- es Ihnen körperlich und geistig besser geht.
- Sie konzentriert, motiviert und kreativ sind.
- Ihre Lebensqualität sich erhöht.
- Sie über andere Dinge nachdenken können als Gewicht und Zipperlein.
- Schüler und Studenten sich grundsätzlich anders ernähren können.

Ursache allen Übels, wurden damit auch gleich die Eiweiße verbannt, da sie nur im Zusammenhang mit Fett gesehen wurden, was grundsätzlich nicht falsch ist, denken wir an fettes rotes Fleisch. Die guten Eiweiße, z. B. aus Fisch oder Hähnchen, wurden dabei völlig unter den Tisch gekehrt und auch die Tatsache, dass wir zu großen Teilen aus Eiweiß bestehen. Daraufhin wurden die Werbung, die Diäten, die Bestückung der Supermärkte, die Ernährungspyramide, die Lebensmittelindustrie, sprich alles, was sich um die Regeln der Nahrung und der Ernährung dreht, eingerichtet und festgelegt. Das war aber 1980! Wir ignorieren dabei die Forschung, die für uns in den letzten Jahren einige bahnbrechende Ergebnisse herausgearbeitet hat. Wenn es uns allen besser gehen würde, dann wäre ja alles in Ordnung. Das ist aber nicht der Fall, und die »Diätenmacher« schauen tatenlos zu. Was dadurch an Leistungskraft, an Lebensqualität und im Endeffekt auch an Wirtschaftskraft verloren geht, kann man sich fast nicht ausmalen.

Früh übt sich

Und vor allem möchte ich an die Eltern appellieren: Liebe Eltern, denken Sie bitte daran, dass diese Ernährung für die Kleinen genauso gilt wie für Sie auch, auch schon für die ganz Kleinen! Und auch in der Pubertät brauchen Eltern wie Kinder gute Nerven, um diesen Umbruch gut zu meistern. Unterstützen Sie Ihre Lieben in ihrem Wachstum durch eine Ernährung im hormonellen Gleichgewicht, damit aus ihnen kreative, glückliche und sich gut spürende Menschen werden. Die meisten Eltern denken zwar, dass sie ihre Kinder gut ernähren. Sie halten sich an die gängigen Richtlinien, aber die sind schlicht und ergreifend falsch. Wir ziehen uns mit dem gängigen Schnuller-, Zucker- und Weißmehlkonsum der Kinder richtige kleine Monster heran, die unausgeglichen, nervig und vor allem süchtig sind. Dass das der Beginn einer anderen Sucht sein kann, ergibt sich, glaube ich, von allein.

Ernährt man sich und seine Familie nach den gängigen Ernährungsregeln, setzt man die Gesundheit aller aufs Spiel. Ein Umdenken ist dringend notwendig.

Falsche Konditionierung

Die Brezel in der Hand des Kleinkindes im Kinderwagen gehört im Supermarkt und auf der Straße schon zum alltäglichen Bild. Die Kinder werden ruhig gestellt durch permanentes Zuckernuckeln.

Neulich habe ich folgende Szene beobachtet: Ein Elternpaar versuchte, sein schreiendes Kind gemeinsam anzuziehen. Der Kleine wehrte sich und brüllte wie am Spieß. Da meinte der Vater: »Schnell, ich brauch noch mehr Gummibärchen.« Gesagt, getan. Dann war der Kleine vollgestopft mit Süßem und fein angezogen. Der Vater lobte ihn – aber mir kamen fast die Tränen. Für was hat er ihn denn gelobt? Dass er brav die Gummibärchen aufgegessen hat? Was soll der Kleine da lernen? Wenn ich Gummibärchen haben will und gelobt werden will, dann muss ich nur recht zappeln und brüllen… Das sollte uns zu denken geben.

Das Zurück zur gesunden Nahrung

Die Ernährung im hormonellen Gleichgewicht ist keine neue Mode, sondern basiert auf Forschung, neurophysiologischem und biochemischem Wissen und gesundem Menschenverstand. Die biochemische Wirkung der Nahrung hat sich in den letzten 40 Millionen Jahren nicht verändert. Wohl aber die Nahrung selbst, Weißmehl, Zucker und Süßstoff sind hinzugekommen. Es wird ein kollektives Umdenken stattfinden müssen, denn wir brauchen ein Zurück zur gesunden Nahrung. Die »Mode«, kein Fleisch mehr zu essen, kam erst in den 80ern auf. In der Steinzeit z. B. gab es keinen Ackerbau, d. h. kein Mehl, keine Kartoffeln und keinen Zucker. Deswegen gab es auch keinen Diabetes und keine Herz-Kreislauf-Erkrankungen, auch keine Wohlstandsbeschwerden. Zwar spielten Kohlenhydrate eine Rolle, doch aß man sie in ihrer ursprünglichen Form als Obst, Getreide oder Beeren. Man nahm sie als komplexe Kohlenhydrate auf und nicht als Zucker, der schnell ins Blut geht. Man aß, was man fand: Beeren, Nüsse, Samen, Wurzeln und dazu die Beute des Tages: Fisch oder Fleisch. Das war die Nahrung, die die Menschen schlank und leistungsfähig gemacht hat.

Süßstoffe

Nach meinen Erfahrungen aus der Praxis besteht bei dem Thema Süßstoffe ein Aufklärungsbedarf. Viele denken, sie tun sich damit etwas Gutes, sparen Kalorien und nehmen auch noch ab – mitnichten. Hans-Ulrich Grimm schreibt in seinem Buch »Die Suppe lügt«: »Süßstoffe sind chemisch erzeugte Kunststoffe, also pures Plastik. Die Süße ist bloße Illusion, hat keinen Nährwert. Sie enthält Chemikalien statt Kalorien. Der Körper kann damit nichts anfangen. Seine Beliebtheit verdankt Süßstoff einer Eigenschaft, die die Chemiker 1967 zufällig entdeckt haben: Er schmeckt süß. Natürlich wurde Süßstoff ausführlich getestet, doch amerikanische Verbraucherschützer raten vom Verzehr dringend ab – er gefährdet unsere Gesundheit.« Grimm schreibt weiter: »Wussten Sie, dass in Amerika Deklarationspflicht gegenüber Lebensmitteln besteht, denen der Süßstoff Saccharin zugefügt wurde?« Im Klartext steht auf den Lebensmitteln: Die Verwendung dieses Produktes kann Ihrer Gesundheit schaden. »Dieses Produkt enthält Saccharin, das in Tierversuchen Krebs ausgelöst hat.« In Europa fehlt ein solcher Warnhinweis, es wurde sogar der Antrag abgelehnt, vorne auf dem Produkt eine deutliche Kennzeichnung zu platzieren, denn viele lesen das Kleingedruckte hinten auf dem Etikett nicht. Leider wird bei uns in viele Lebensmittel der im Vergleich zu Zucker wesentlich billigere Süßstoff reingemogelt, wie in Gurken, Rollmöpse, Getränke, Glaskonserven, Wurst und vielem mehr. Lesen Sie die Etiketten der Lebensmittel etwas kritischer, werden Sie sicher auch etwas finden, was Sie mitkaufen, ohne dass Sie das wussten: ob Süßstoffe oder »natürliche Aromen«.

»Ökotest« berichtet: »Die Wissenschaftler Rogers und Blundell haben in einer Langzeitstudie herausgefunden, dass Menschen, die Süßstoffe verzehren, auf den Tag verteilt eine deutlich höhere Kalorienzahl zu sich nehmen.«

Light-Produkte sind auch nicht die Lösung

Es wurde schon vor Jahren bekannt, dass Light-Produkte doch nicht so ideal sind, wie man ursprünglich annahm: dass etwa die Kalorienzahl nicht stimmte oder der Fettgehalt der gleiche war wie bei vergleichbaren normalen Produkten. Ein Beispiel: Eine Light-Mettwurst hatte 2 Kalorien weniger als eine normale, ein Huhn süßsauer war mit 98 Kalorien auf 100 Gramm fast genauso fett wie eine Schweinshachse. »Ökotest« schreibt: »Süßstoffe machen nicht dick, genauso aber auch nicht dünn.« Nicht nur, dass Süßstoff Hunger macht, es spielt auch die Psyche mit, denn wer light gegessen hat, denkt, er könne ruhig noch mehr essen.

Wir werden getäuscht – unsere Sinne spielen verrückt

Denn was passiert, wenn der Körper das Signal erhält, er bekomme

Zucker: Die Geschmacksknospen im Mund für »süß« werden angeregt, die Bauchspeicheldrüse schüttet Insulin aus, und wenn dann gar kein Zucker kommt, reagiert der Körper mit dem sogenannten »cephallischen Insulinreflex«, d. h., Heißhunger auf Süßes! Und Heißhunger auf mehr. Mehr Light-Produkte, denn die kann man ja ohne schlechtes Gewissen essen, denkt man – falsch gedacht. Es geht bei Lebensmitteln um den Absatz, um den Profit. Ändern können das nur wir Verbraucher, indem wir unser Konsumverhalten ändern. In der neuen Welt des Geschmacks, der Süßstoffe, der Aromen, der »natürlichen« Zusatzstoffe haben die gesunden Lebensmittel ihren Platz verloren. Sie sind sozusagen »verrückt« geworden. Nicht alle Süßstoffe haben die gleichen Krankheiten als Folge, aber jeder Süßstoff hat negative Auswirkungen auf unsere Gesundheit und unser Befinden. Es gibt momentan noch keinen künstlich erzeugten Süßstoff, der völlig bedenkenlos ist, sagen amerikanische Verbraucherschützer (Quelle: »Die Suppe lügt« von Hans-Ulrich Grimm). Bei manchen Süßstoffen sind die Nebenwirkungen sogar derart gefährlich, dass das Medical Research Institute ein Verbot forderte. Ohne Erfolg – die Süßstoffe sind immer noch erlaubt. Die Herstellung mancher Süßstoffe kostet fast nichts, und so lassen sie sich sehr rentabel in die ganze Welt verkaufen, so Grimm. Es ist aber bemerkenswert, dass Süßstoffe in Japan beispielsweise seit 1969 wegen gesundheitlicher Risiken verboten wurden, weil eindeutige Beweise vorlagen, sie in vielen anderen Ländern aber immer noch erlaubt sind. Das sollte uns für unser Konsumverhalten zu denken geben.

Früh übt sich

Es ist nicht nur ein Sprichwort: »Frühe Fehler – späte Folgen!«. Nicht nur Kinder müssen gut essen, um Kraft und Energie zu erhalten – es ist nie zu spät, sich für die richtige Ernährung zu entscheiden, denn unsere Ernährung ist der Baukasten für Wohlbefinden, Kraft, Kreativität, Glück, Gesundheit, Energie – aber auch Antriebslosigkeit und Verstimmungen und Übergewicht. Leider erlebe ich es nur allzu häufig, dass gerade bei der Ernährung gravierende Fehler gemacht werden. Unterstützend wirkt die Werbung für angeblich gesunde Fertigprodukte, Kantinenessen und Fast Food.

Je früher ein Mensch den Umgang mit Essen lernt, desto leichter hat er es ein Leben lang. Dazu gehört der Umgang mit Lebensmitteln. Sei es beim Einkaufen, Kochen oder beim Ausprobieren von eigenen Kreationen in der Küche. Genauso gehört es für mich dazu, sich kritisch mit der Werbung, den lockenden Verpackungen und den Inhaltsstoffen auseinanderzusetzten. Wir können nicht alles essen, was uns aufgetischt wird. Seien Sie kritisch.

Eiweißdrinks aus der Werbung

Da die Bedeutung des Verzehrs von Eiweiß kein Geheimnis mehr ist, kursieren diverse Eiweißdrinks auf dem Markt. Die Werbung verspricht viel Positives, wenn man diesen Drink dreimal am Tag zu sich nähme, essen brauche man dann nichts mehr, es sei alles drin, was man bräuchte – unzählige Kilos kann man abnehmen und dabei lächeln. Die Vorstellung, sich ausgeglichen zu ernähren und auch noch abzunehmen – das fand ich auch verlockend und habe mir deswegen die sündhaft teuren Eiweißdrinks bestellt, denn ich vermutete einen Haken. Es gibt ihn: Überall ist Süßstoff drin! Deswegen habe ich jetzt die Ersatzmahlzeit Figur Balance entwickelt. Ohne künstliche Süßungsmittel.

Einkaufen im Bioladen

Für mich heißt BIO, dass Produkte so verarbeitet werden, wie sie ursprünglich gewachsen sind (»**B**in **i**m **O**riginalzustand«). D. h., diesen Produkten wurde nicht das Wertvollste weggenommen, wie die Schale beim Getreide oder die guten Inhaltsstoffe beim Salz oder Zucker. Außerdem heißt für mich BIO »**B**oden **i**n **O**rdnung«, d. h., die Produkte stammen nicht von ausgelaugten Böden, Gemüse und Obst werden nicht mit Pestiziden bombardiert, sodass die Landwirte Gasmasken tragen müssen bei ihrer Arbeit. Für mich ist BIO-»logisch«. Und dabei muss es nicht einmal der Bioladen sein. Denn es gibt mittlerweile schon in fast allen gut sortierten Supermärkten und Drogeriemärkten ein großes Angebot an kontrollierten Lebensmitteln. Sie sind nicht gespritzt, raffiniert oder manipuliert.

Jeder reagiert anders

Die einen schütten viel Insulin aus und werden auf Dauer dick, die anderen bleiben von Natur aus schlank. Immer mehr allerdings leiden unter Lebensmittelallergien. Woran das liegt und welche Folgen Stress und Bewegungsmangel haben. Wie wir Schmerzen und chronische Beschwerden durch richtige Ernährung lindern.

Die Ernährungstypen

Nicht jeder hat auf die gleiche Nahrung die gleichen hormonellen Reaktionen. Sie alle kennen die Menschen, die alles essen und trotzdem noch schlank und fit sind und nur ungläubig schauen und milde lächeln, wenn man selbst auf den Nachtisch verzichtet oder lieber etwas Leichtes isst. Fünf Grundtypen von Menschen unterscheide ich hinsichtlich ihrer körperlichen Reaktion auf Nahrung.

Typ 1: Von den Genen geküsst

Diese Menschen haben es leicht, denn sie reagieren selbst auf eine große Menge Kohlenhydrate mit nur kleinem Insulinanstieg. Das ist wirklich nur den Genen zuzuschreiben, und entweder man ist so ausgestattet oder nicht. Und wir, die nicht mit solchen Genen versehen wurden, könnten vor Neid platzen. In dieser Situation ist es nur zutiefst menschlich, auch mal echt neidisch zu sein, finde ich. 20 Prozent der Bevölkerung befindet sich in diesem genetisch bedingten Idealzustand. Sie haben keine nennenswerte Insulinreaktion auf Kohlenhydrate, daher auch keine Gewichtsprobleme und weniger ausgeprägte Gesundheitsprobleme. Trotzdem ist es auch für diese Menschen wichtig, auf eine ausgewogene Ernährung zu achten, denn die Veränderung von Blutwerten merkt man nicht sofort, und irgendwann kommen dann die negativen Folgen.

Typ 2: Er hat es mittelschwer

Dann gibt es die, die nur mit einer leichten Erhöhung von Insulin auf Kohlenhydrate reagieren. Sie haben es mittelschwer, ihr Gewicht zu halten und haben auch nicht permanent irgendwelche Beschwerden. Bei ihnen kommt es zu leicht erhöhter Insulinausschüttung auf schlechte Kohlenhydrate. Sie haben mäßige Gewichtsprobleme, ihr Gesundheitszustand ist leicht schwankend, sie haben immer mal wieder unerklärbare körperliche und seelische Beschwerden, die dann auch wieder verschwinden. Sie gehen ab und zu zum Arzt wegen kleiner Zipperlein.

Typ 3: Diese Menschen haben es schwer

Zu diesem Typ gehören diejenigen, die nur ein Baguette zu sehen brauchen, und schon erhält die Bauchspeicheldrüse das Signal: Zucker – und los geht's, Insulin wird ausgeschüttet. Das ist leicht übertrieben, denn in den Körper muss das Baguette schon, aber dann erfolgt tatsächlich sofort eine Insulinausschüttung. Diese Menschen haben es sehr schwer, ihr Gewicht zu halten, und klagen fast dauernd über irgendwelche Beschwerden. Sie haben eine völlig überhöhte Insulinausschüttung auf schlechte Kohlenhydrate. Ständige Gewichtsprobleme, ein stark schwankender Gesundheitszustand, permanent wechselnde körperliche und seelische Beschwerden, die ohne auffindbare Ursachen sind – all das ist für sie typisch. Daraus resultiert häufiger Arbeitsausfall. Sie sind Stammgast bei Heilpraktikern, Psychotherapeuten und Bioläden. Doch auch mit Homöopathie oder Biofood wird oft kein Erfolg erzielt, weil man die Wirkung von Insulin auf die Gesundheit, siehe Kapitel »Insulin« (ab Seite 26), nicht erkennt und die Ernährung nicht so umstellt, dass der Insulinspiegel unter Kontrolle bleibt. Diese Menschen müssen ihr Leben lang auf eine ausgewogene Ernährung achten, d. h., sie brauchen eine Ernährung nach den Kriterien von welleat, um ihren Hormonhaushalt in Balance zu bringen.

Typ 4: Durch Diäten dick gehungert

Zu diesem Typ gehören die Diätgeplagten, die sich dick gehungert haben – ohne es zu wissen. Was ist da passiert? Durch jahrelanges Diäthalten, wieder zunehmen, wieder Diät halten, haben sich diese Menschen, meistens Frauen, ihren Grundumsatz so heruntergehungert, dass sie bei einem Verzehr von z. B. 200 Kalorien schon zunehmen. Da aber niemand auf Dauer von 200 Kalorien leben kann, essen sie natürlich mehr und nehmen wieder zu. Das ist dann der Jo-Jo-Effekt. Sie haben sich dick gehungert! Menschen von diesem Typ müssen quasi nur an einer Konditorei vorbeigehen und werden schon davon dick. Auch wenn das übertrieben klingt, diese Menschen nehmen von einem Stück Kuchen absolut unadäquat zu. Es gibt sie wirklich, die Übergewichtigen, die sagen: »Ich esse nicht viel« – und keiner glaubt ihnen. Dabei stimmt das zum aktuellen Zeitpunkt. Sie nehmen schon von den kleinsten Mengen zu.

Typ 5: Aus der Bahn geworfen durch Hochsensibilität

Ich habe mich in den letzten Jahren sehr viel mit dem Thema HSP (high sensitive person) auseinandergesetzt. Zum einen aus persönlichen Gründen, zum anderen, weil ich in meiner Praxis viel damit zu tun habe. HSP, das sind Menschen, die sensibler sind als andere. Geschätzt wird, dass etwa 15 % der Menschen hochsensibel sind. Und das hat Folgen: für die Nerven, das Gewicht, das Verhalten, das Glück, die Gesundheit, die Liebe, der Umgang mit sich selbst und mit anderen.Wenn Sie das Gefühl haben, Sie sind sehr sensibel, empfindlich, brauchen schneller etwas zu essen und trinken, weil sonst der Unterzucker droht, sind Sie anders als die anderen, nicht so belastbar, mögen es nicht laut, nicht eng, nicht hektisch oder brauchen viel Ruhe, um sich zu erholen, dann empfehle ich Ihnen, im Internet einen Test zu machen. Suchen Sie einfach nach HSP-Test. Wenn Sie hochsensibel sind, dann empfehle ich Ihnen, Bücher darüber zu lesen. Denn hochsensibel zu sein bedeutet zugleich Segen und Fluch. Wenn Sie aber mehr darüber wissen, dann kann es Ihr Leben bereichern, denn dann verstehen Sie sich endlich und können handeln.

Kurz gefasst: Unterschiedliche Reaktionen auf Kohlenhydrate

Menschen vom Typ 1 und 2 sollten auf ihre Ernährung achten, um nicht zu erkranken und sich leistungsfähig und wohlzufühlen. Menschen vom Typ 3, 4 und 5 sollten sich genau an die Ernährung im hormonellen Gleichgewicht halten, um ihre Lebensqualität wieder zu erhöhen. Denn es macht unsicher und manchmal auch depressiv oder verrückt, wenn wir körperliche oder psychische Probleme haben, die wir uns nicht erklären können. Mit der Ernährung im hormonellen Gleichgewicht werden viele dieser scheinbar unerklärlichen Zustände erklärbar, verschwinden oder werden zumindest gemildert. Alle Probleme kann die Ernährung nicht lösen, aber sie kann helfen, leichter Nöte durchzustehen, denn sie macht geistig und körperlich stärker und robuster.

Der berühmte Jo-Jo-Effekt

Stellen Sie sich vor: Sie essen jeden Tag 2000 Kalorien und verbrauchen diese auch. Das ist Ihr Grundumsatz. D. h.: Sie nehmen nicht zu und nicht ab. Genauer gesagt, gibt der Grundumsatz die Energie an, die Sie täglich verbrauchen würden, wenn Sie sich gar nicht bewegen würden. Und nun beschließen Sie: Ab Montag nehme ich 5 Kilo ab und esse nur noch 1000 Kalorien. Gesagt, getan, am Montag wird gehungert, am Dienstag auch und auch noch am Mittwoch. Mittwochabend registriert der Körper dann: Hopsa, was ist denn hier los? Ist Hungersnot? Gibt's nichts mehr? In der Not ist der Körper ganz schlau und schraubt seinen Grundumsatz herunter auf 1000 Kalorien. Um dies zu registrieren, braucht der Körper etwa drei Tage. Das heißt: Wenn Sie mal zwei Tage »fasten«, verderben Sie sich nicht Ihren Grundumsatz. Weiter geht's. Sie hungern tapfer weiter, und, juhu, nach 3 bis 5 Wochen sind die 5 Kilo runter. Hurra, jetzt eine Feier, denn ich war ja so tapfer. Gesagt, getan – feiern und ab dem nächsten Tag wieder so essen wie vor 3 bis 5 Wochen, denn da habe ich ja auch nicht dauernd zugenommen. Doch leider falsch gedacht, denn: Der Körper jubelt, vorbei sind die Magerzeiten von 1000 Kalorien, jetzt kommen wieder 2000 Kalorien. Doch was passiert: Der Grundumsatz befindet sich auf einem Niveau von 1000 Kalorien und bekommt 2000. Das heißt doch, dass da entschieden 1000 übrig sind. Juhu, und die lagere ich mir gleich in die Fettzellen, damit ich bei der nächsten Hungersnot wieder etwas habe, sagt sich der Körper. Das ist der Jo-Jo-Effekt.

Der Jo-Jo-Effekt ist zu umgehen, indem man, während man Kalorien spart, sich eine Stunde am Tag so bewegt, dass man schwitzt und somit seinen Grundumsatz hoch hält.

Kein Kalorienzählen mit welleat

Da mit der Ernährung im hormonellen Gleichgewicht kein Kalorienzählen mehr nötig ist, weil Sie Ihre Ernährung so umstellen, dass Sie schlank werden und schlank bleiben, kommt es dann auch zu keinem Jo-Jo-Effekt mehr: Sie müssen, ja, Sie dürfen nie wieder hungern. Das ist doch etwas. Oder? Diejenigen zu erreichen, die sich dem sogenannten Typ 3, 4 und 5 zuordnen können, liegt mir ganz besonders am Herzen, denn die meisten, die in meine Praxis kommen, sind diesen Typen zuzuordnen. Viele davon haben schon die abenteuerlichsten Diagnosen gehört, haben sehr viel Geld für ihre »Gesundheit« ausgegeben und tappen immer noch im Dunkeln.

Ursachen verschiedener Insulinreaktionen

Die Ursachen dafür, dass jemand mit einer verstärkten Insulinausschüttung reagiert, sind in mehreren Bereichen zu finden:

1. Genetische Ursachen (siehe auch Typ 1, Seite 120).
2. Sehr nervöse Menschen und solche, die sich dauerhaft großem Stress aussetzen (siehe Kapitel »Stress«, ab Seite 132).
3. Menschen, die zu wenig Bewegung haben (siehe Kapitel »Bewegung ist Leben«, ab Seite 128).
4. Traumatisierte Menschen. Sie haben eine Störung des Hormongleichgewichts, denn dieses Gleichgewicht wird bei einem Traumaerleben stark beeinträchtigt.

Was ist ein Trauma?

Menschen, denen ein großer Schock, ein Unfall, eine Gewalttat, Missbrauch oder anderes sehr schwer zu Verarbeitendes widerfahren ist, sind eventuell traumatisiert. Man ist nicht automatisch traumatisiert, wenn einem etwas Schlimmes widerfährt. Dies ist aber dann der Fall, wenn die Energie der Todesangst, die sich in dem Moment des Geschehens im Nervensystem befindet, nicht entweichen kann.

Ein Beispiel: Sie stehen vor einem Hund, der im Begriff ist, Sie zu beißen. Sie haben Todesangst und Ihre Nerven sind zum Zerreißen gespannt. Sie entwickeln in diesem Moment Strategien zur Lösung und produzieren Stresshormone bis zum Bersten. Wenn es sinnvoll ist und die Möglichkeit besteht, rennen Sie weg. Wenn Sie keine Möglichkeit haben wegzurennen, erstarren Sie und werden gebissen. Sind Sie erfolgreich weggerannt, hat sich die gestaute Energie beim Rennen verbraucht und Sie haben kein Trauma, keine Traumaenergien, die sich in Ihr Nervensystem einbetten. Sie haben in Zukunft vielleicht Angst vor Hunden, das ist aber noch lange kein Trauma. Sind Sie aber erstarrt, weil Flucht nicht möglich war, bleibt die Energie der Todenangst quasi im Nervensystem stecken und hinterlässt ein sogenanntes Trauma.

Ihr Nervensystem und Ihr Hormonsystem sind dann nicht mehr das, was sie vorher waren. Sollten Sie sich angesprochen fühlen, empfehle ich Ihnen das Buch von Peter A. Levine: »Traumaheilung – Das Erwachen des Tigers«.

Das Immunsystem

Die Zahl derjenigen, die unter einer Lebensmittelallergie leiden, wird immer größer. Bei Kindern ist es schon fast an der Tagesordnung, dass die Mutter im Supermarkt oder Restaurant sagt: »Nein, keinen Weizen bitte, kein Ei, keine Milch.« Was ist da los? Durch unsere Umwelteinflüsse und unsere denaturierte Nahrung wird unsere Darmschleimhaut »löchrig« und in der Folge das Immunsystem schwach. Unser Darm stellt nämlich 90 Prozent des Immunsystems dar, d. h., es ist von großer Bedeutung, wie gut oder schlecht unsere Darmschleimhaut beschaffen ist. Oft ist es aber auch so, dass eine Allergie gar keine wirkliche Allergie ist, sondern eine Unverträglichkeit.

Lebensmittelallergie

Bei einer Allergie kommt der Körper wirklich sehr schnell in große Not: Die Schleimhäute schwellen an, auch die Schleimhäute im Hals. Dies äußert sich dann mit extremem Halskratzen, sogar mit akuter Atemnot oder mit Flecken auf der Haut. Diese Soforttyp-Allergie beruht auf einer übermäßig gesteigerten Produktion eines Antikörpers, hervorgerufen durch eine bestimmte Substanz. Diese verursachende Substanz muss herausgefunden und dann gemieden werden, bis die Allergie erfolgreich behandelt wurde, z. B. mit Bioresonanztherapie oder anderen alternativen Heilmethoden. Oft können die allergischen Reaktionen jedoch nicht erfolgreich behandelt werden – dann heißt es, auf das Lebensmittel zu verzichten und vor allem genau zu forschen, in welchen Lebensmitteln diese Substanz auch versteckt vorkommen könnte. Fragen Sie hierzu Ihren Arzt oder Heilpraktiker. Leider sind in manchen Lebensmitteln Spuren von allergieauslösenden Stoffen, ohne dass sie auf dem Etikett verzeichnet sind. Bei einer Allergie gegen Erdnüsse beispielsweise wäre das unter extremen Umständen tödlich, denn Spuren von Erdnüssen können z. B. in Schokolade vorhanden sein. Der Verzicht auf alle Fertigprodukte ist fast zwingend, wenn es sich um eine Weizen-, Ei- oder Fischallergie handelt, denn wer ahnt schon, dass in einem Diätkeks Auszüge aus Fischmehl zu finden sein können. Auf der Packung steht davon nichts.

Stress, denaturierte Nahrung und eine unausgewogene Ernährung sind schädlich für die Darmschleimhaut – das schwächt auf Dauer das Immunsystem.

Lebensmittelunverträglichkeit

Bei einer Unverträglichkeit handelt es sich um eine Immunschwäche, die im Darm zu suchen ist, der ja wie gesagt der Hauptsitz unseres Immunsystems ist. Es ist bekannt, dass Antibiotika unserer Schleimhaut schaden, indem gute Darmbakterien abgetötet werden, die von großer Wichtigkeit für eine gut funktionierende Abwehr sind. Neben Antibiotika, Alkohol, weißem Mehl und Stress ist Zucker der Hauptfeind der Darmschleimhaut, da er das Wachstum schlechter Bakterien und von Pilzen fördert. Zucker ist für sie der beste Nährboden, und sie können sich hervorragend vermehren und so die Schleimhaut angreifen.

Wie aber ist die Darmschleimhaut aufgebaut? Sie sieht aus wie ein Netz, hat ganz kleine, feine Löcher, durch die die ankommenden, zerlegten Nahrungsmoleküle diffundieren, um dann in den Blutkreislauf zu gelangen. So funktioniert ein guter Stoffwechsel. Leider ist dies oft nicht der Fall, denn eine Schleimhaut, an der viel verändert wird, reagiert, indem die Löcher größer werden.

Diese Löcher vergrößern sich, indem die Darmschleimhaut sozusagen von den Pilzen oder schlechten Bakterien angeknabbert

Leider macht sich kaum jemand Gedanken, wenn er Antibiotika nimmt, wie er seine Schleimhaut danach wieder mit guten Bakterien aufbauen könnte.

► Wie gesund ist Ihre Darmschleimhaut?

Um herauszufinden, wie es um Ihre Darmschleimhaut steht, sollten Sie sich folgende Fragen ehrlich beantworten. Können Sie diese Fragen zum Teil oder ganz bejahen, empfehle ich Ihnen, einen Arzt zu konsultieren.

1. Haben Sie Durchfall oder Verstopfung?
2. Sind Sie infektanfällig?
3. »Vertragen« Sie manche Lebensmittel nicht oder nur manchmal?
4. Haben Sie wechselnde Probleme wie Übelkeit, Kopfschmerzen, Hautprobleme, chronische Entzündungen?
5. Haben Sie in den letzten Jahren Antibiotika genommen?
6. Haben Sie danach keine Darmsanierung vorgenommen?

wird. Das hat zur Folge, dass größere Nahrungsmoleküle durch die Schleimhaut in den Blutkreislauf gelangen, die eigentlich nicht dafür vorgesehen sind.

Beispiel Milch

Durch das Homogenisieren und Pasteurisieren der Milch werden die Milchmoleküle auf ein Drittel ihrer Ursprungsgröße »zerschossen«. Wenn diese kleinen Milchmoleküle auf eine geschädigte Schleimhaut treffen, passieren sie diese und gelangen in den Blutkreislauf. Da gehören sie absolut nicht hin, und der Körper reagiert entsprechend – nicht so drastisch wie bei einer Allergie, sondern diffus mit Unpässlichkeiten wie Übelkeit oder Kopfschmerz. Diese Reaktion ist nicht nur für homogenisierte und pasteurisierte Milch typisch, sondern für alles, was nicht ins Blut gehört und nur dahinkommt, weil die Schleimhaut geschädigt ist. Dabei handelt es sich um eine Unverträglichkeit.

Können Sie die Fragen im Kasten auf Seite 126 unten zum Teil oder ganz bejahen, rate ich Ihnen, zum Arzt zu gehen, denn Sie können sich noch so gut ernähren, wenn der Darm nicht mitmacht, bringt die beste Nahrung nichts. Beispiel Marmeladenglas: In einem Marmeladenglas befindet sich ein ganz kleiner Rest, der schimmelt. Sie füllen es jetzt mit ganz frischen Früchten auf. Was passiert? Alles zusammen, auch die frischen, guten Früchte fangen an zu schimmeln. Und auch die Darmschleimhaut muss in einem guten Zustand sein, damit gewährleistet ist, dass nur das die Schleimhaut passiert, was hindurch soll, und der Körper nicht mit Molekülen belastet wird, gegen die er ankämpfen muss.

Wenn Sie sich über Unverträglichkeiten informieren und herausfinden möchten, ob Sie betroffen sind, empfehle ich Ihnen mein Buch »Praxiswissen – Unverträglichkeiten selbst erkennen«.

Kurz gefasst: Der Darm und das Immunsystem

Ist die Schleimhaut saniert, die Darmflora im gesunden Verhältnis von guten und schlechten Bakterien, sind die Pilze (Candida) verbannt, verschwinden auch die Unverträglichkeiten von Lebensmitteln. Auch bei diagnostizierten Allergien kann sich eine deutliche Besserung des Allgemeinbefindens einstellen.

Bewegung ist Leben – Trägheit ist Krankheit

Trotz (oder wegen) Light-Produkten, unzähligen Ernährungsratschlägen, Diätenwahn und Fastenkuren – die Deutschen werden immer dicker. 67 % der Männer und 53 % der Frauen in Deutschland haben Übergewicht oder sind schwer übergewichtig.

Bewegen Sie sich, und viele Ihrer kleinen Zipperlein werden sich in Luft auflösen.

Dicksein ist nicht nur ungesund – es ist auch extrem teuer. Medikamente, Krankenhausbetten in Übergröße oder extra verstärkte OP-Tische schlucken Unsummen, und der Volkswirtschaft gehen Arbeitskräfte verloren. Jeder 5. junge Erwachsene ist krankhaft adipös. Die Krankenkassen zahlen jedes Jahr 100 Milliarden für ernährungsbedingte Krankheiten. Übergewichtige Kinder sind ein Bild, an das wir uns fast schon gewöhnt haben. Altersdiabetes heißt bald Kinderdiabetes, denn schon viele Kinder leiden an dieser Krankheit.

Deutschen Politikern wird angesichts dieser Entwicklung angst und bange. Sie fürchten nicht nur um die Gesundheit der Deutschen – die häufigsten Folgeerkrankungen sind Diabetes, Herz-Kreislauf-Krankheiten oder Gelenkschäden, sondern vor allem um die Zukunft des deutschen Gesundheitssystems. Dieses steht kurz vor dem Kollaps, wenn die Zahl der dicken Menschen nicht reduziert wird. Was wir dafür tun können: sich ausgeglichen ernähren und Bewegung, Bewegung, Bewegung…

Was ist da los?

Wir sitzen – im Auto, in der Bahn, im Sessel, im Bürostuhl, im Speck. Wir nehmen den Aufzug, die Rolltreppe und oft bleiben wir einfach sitzen. Auf Dauer gesehen, hat das Folgen für Körper und Psyche, denn: Was macht uns krank und dick? Es ist unser träges Körperfett, das nichts anderes will, als sich auszuruhen, damit wir uns langsam an diesen Zustand gewöhnen, bis es für uns normal ist. Wir kennen es dann nicht mehr anders. Es kann zur Gewohnheit werden, sich schlecht zu fühlen. Das können wir ändern!

Der Body-Mass-Index (BMI)

BMI = Gewicht in Kilogramm, geteilt durch (Körpergröße in Metern)^2

Beispiel: Bei 70 kg Körpergewicht und einer Größe von 1,73 m:

$$\frac{70}{1{,}73 \times 1{,}73} = \frac{70}{3} = 23\ \text{BMI}$$

Wie sinnvoll ist der BMI

Es wird oft empfohlen, den BMI zu messen, um dann zu bestimmen, ob Sie Unter-, Über-, Normalgewicht haben oder Fettleibig sind.

Das ist in meinen Augen völliger Unsinn, denn der BMI wird wie folgt berechnet: Gewicht durch Größe im Quadrat. Wenn Sie gut trainiert sind und viele Muskeln haben, dann wiegen Sie mehr, denn Muskeln wiegen mehr als Fett.

Dann ist der BMI folglich hoch und laut Wert der WHO sind sie unter Umständen übergewichtig sind. Oder ein anderes Beispiel: sie haben sehr wenig Muskeln und viel Fett und bringen nicht so viele Kilos auf die Waage, als wenn Sie viele Muskeln hätten. Der BMI fällt dann positiver aus. Sie sind beruhigt, haben aber immer noch zu viel Fett. Für mich macht es deshalb Sinn, auf einer hochwertigen Waage seinen Fettanteil bestimmen zu lassen. Mit diesem Wert können Sie etwas anfangen.

Alles beginnt damit das wir es tun. Fangen Sie an. Bewegen Sie sich. Sie werden reich belohnt. Versprochen!

Überwinden Sie Ihre Trägheit

Erst wenn Sie sich aufraffen und es ausprobieren, wie es sich anfühlt, zu laufen oder zu joggen, dann merken Sie plötzlich: So kann ich mich fühlen, leicht, beschwingt, zuversichtlich, mutig, tatkräftig – einfach kräftig, durchblutet und gesund. Sie können sich durch Bewegung Ihre Schlank-und-glücklich-Hormone selbst produzieren, dafür brauchen Sie keinen Arzt, keine Pillen und keine Spritzen. Wer Sport treibt, hat einen niedrigeren Cortisolspiegel und ist daher weniger anfällig für Stress.

Jeder kann sich bewegen, jeder in seinem Maß – ob leichtes Wal-

Joggen mit Pulsuhr

Mit Pulsuhr joggen heißt, am Grenzpuls laufen: nicht darüber, denn dann verbrennen Sie Kohlenhydrate, nicht viel darunter, denn dann verbrennen Sie kein Fett. Der Kölner Sportwissenschaftler Dr. Dieter Lagerstrom hat 1977 dafür folgende sehr hilfreiche Formel entwickelt:

Trainingspuls = RHF + (220 minus 3/4 LA minus RHF) x X.

RHF = Ruhepuls, LA = Lebensalter

X = Trainingszustand bei untrainierten Personen = 0,6

X = Trainingszustand bei durchschnittlich trainierten = 0,65

X = Trainingszustand bei trainingserfahrenen = 0,7

Ein Beispiel: Ein durchschnittlich trainierter 40-Jähriger mit einem Ruhepuls von 70 hat folgenden Trainingspuls:

Trainingspuls = 70 + (220 – 0,75 x 40 – 70) x 0,65 = 148

ken, Joggen, Übungen mit Hanteln, Schwimmen oder Ähnliches. Sie können etwas dafür tun, dass Ihre Muskeln, die Fettverbrennungsanlagen, Ihr träges Fett einfach wegschmelzen. Beim Fett spreche ich nicht nur von übergewichtigen Menschen, denn es gibt viele Dünne, die trotzdem zu viel Fett haben. Wichtig für Eltern: Fettzellen werden im Kindesalter angelegt, d.h., wenn Ihr Kind viele Fettzellen auf den Lebensweg mitbekommt, hat das zwei Ursachen: Gene und Ernährung. Wenn Kinder von klein auf mit Apfelschorle, Süßigkeiten, Brezeln und dergleichen versorgt werden, wachsen der Insulinspiegel und die Anzahl der Fettzellen, denn die Kohlenhydrate müssen ja weiterverarbeitet oder im Körper gespeichert werden. Es sei noch mal gesagt: Überschüssige Kohlenhydrate enden als überschüssiges Fett!

Joggen, aber richtig

Die Voraussetzung, damit Sie richtig trainieren können, ist, dass Sie genügend Eiweiß zu sich nehmen, also über genügend Aminosäuren verfügen, und dass Sie genügend Wasser trinken. Laufen Sie im falschen Pulsbereich, haben Sie keinen Verbrennungseffekt (siehe

Kasten oben). Deshalb gibt es so viele Menschen, die seit Jahren laufen und dabei kein Gramm Fett verlieren. Psychisch geht es den »Falschjoggern« trotzdem besser, denn auch falsches Joggen erzeugt gute Hormone, verbrennt nur leider kein Fett.

Anfänger laufen zehn Schläge unter dem Grenzpuls (siehe Kasten auf Seite 130). Nach 4 bis 6 Wochen sollten Sie sich langsam an den Grenzpuls herantasten. Beachten Sie, dass sich Ihr Ruhepuls mit steigendem Trainingseffekt verändert, d. h.: regelmäßig nachmessen. Wenn Sie starkes Übergewicht haben, fangen Sie zunächst bitte mit Walken an, um die Gelenke nicht so sehr zu belasten. Sie können ja später mit dem Joggen beginnen.

Auch Spazierengehen ist effektiv

Wer nicht joggen will, kann auch effektiv spazieren gehen: Wenn Sie 100 bis 120 Schritte in der Minute gehen, erzielen Sie ein gutes Herz-Kreislauf-Training und zugleich eine Fettverbrennung. Dieses Tempo ist angenehm, und Sie fühlen sich danach frisch – ganz anders als beim Einkaufsbummel, der sehr anstrengend ist. Der Grund dafür ist das langsame Gehen, das den Puls verringert und dadurch die Durchblutung in den Organen, Gelenken und auch den kleinen Bandscheibenmuskeln stark beeinträchtigt. Deshalb klagen viele Menschen nach langsamen Spaziergängen oder Einkaufsbummeln über Rückenschmerzen. Dies umgehen Sie, indem Sie 100 bis 120 Schritte pro Minute als Tempo wählen oder beim Bummeln einfach zwischendrin mal schnell gehen. Bewegen Sie Ihre Hormone und Zellen in Richtung Glück, Schlankheit und Gesundheit.

Versuchen Sie, wenn Sie spazieren gehen, ganz präsent zu sein. Schauen Sie sich die Natur an, achten Sie auf die Gerüche, lassen Sie störende Gedanken einfach ziehen. Gehen Sie JETZT!

Kurz gefasst: Bewegung ist Leben

Achten Sie täglich darauf, sich bewusst zu bewegen. Gehen Sie in der Mittagspause spazieren, lassen Sie öfters das Auto stehen, umgehen Sie Rolltreppen oder Fahrstühle. Geben Sie Ihren Muskeln die Chance, ihre Arbeit zu machen, nämlich Fett zu verbrennen. Wenn Sie sich bewegen, wird in vielen Fällen der Gang zum Arzt überflüssig, und Sie sind unabhängiger.

Stress

Eigentlich ist es heutzutage für viele ein Luxus, sich zwischendrin mal eine Ruhepause von der täglichen Hetzerei zu gönnen. Das Motto für die, die Arbeit haben, ist: schneller, höher, weiter. Wer keine hat, befindet sich genauso im Dauerstress, denn Sorgen, Existenzangst und Gefühle des Versagens machen auch Stress. Wo man hinschaut: Stress. Was ist Stress? Es gibt den positiven Stress, genannt Eustress, ausgelöst z. B. durch Verliebtheit, Erfolg oder andere positive Erlebnisse, der uns in die Lage versetzt, Topleistungen zu vollbringen, uns zu Begeisterung, Kraft, Motivation und Energie verhilft. Dann gibt es den leider weit verbreiteten negativen Stress, genannt Distress, der uns lähmt und auf Dauer krank macht.

Stress macht dick ... und auf keinen Fall schlauer.

Was passiert genau bei Distress?

Auslöser sind oft berufliche oder private Überbelastungen, die den Körper in eine Stresssituation versetzen. Aber auch Genussmittel, wie Kaffee, Tee, Süßigkeiten, Cola, Softdrinks, Alkohol und Drogen, lösen Stressreaktionen aus. Der Körper wird in einen Zustand höchster körperlicher, geistiger und emotionaler Alarmbereitschaft versetzt. Wir wittern Gefahr, und es passiert das Gleiche wie bei den Menschen in der Steinzeit. Dort war dieser Zustand überlebenswichtig, und es hieß: Flucht oder Kampf. Bei uns ist das heute etwas anders, denn die Auslöser sind nicht mehr wilde Tiere, sondern Menschen und Situationen, die uns überfordern. Heutzutage können wir in diesen Stresssituationen oft nicht adäquat reagieren. D. h., wir wehren uns nicht körperlich, indem wir dem Stressverursacher eine auf die Mütze hauen oder einfach schnell wegrennen. Die negative Energie bleibt bei uns, lähmt uns und macht krank. Denn wir sind ja gut erzogen und leben einfach nicht mehr in der Steinzeit – manchmal schade.

Strategien gegen Distress

Machen Sie bewusste Pausen. Erlernen Sie Entspannungstechniken wie Yoga, Muskelentspannung nach Jakobsen, Qig Gong, Meditation oder dynamische Meditation – oder lassen Sie sich entspannen, z. B. durch Massagen.

Der absolute Garant für Stressabbau ist: Bewegung. Bei Bewegung, z. B. Laufen oder leichtes Muskeltraining, verringern Sie die Menge an Stresshormonen und produzieren Schlank-und-glücklich-Hormone. Prüfen Sie außerdem Ihren Alltag auf Stresssituationen, und versuchen Sie ganz bewusst, diese zu verändern oder zu umgehen. Es braucht dazu ein Stressbewusstsein und guten Willen. Das kann jeder. Prüfen Sie den Nutzen der Situationen, die Sie in Stress bringen, und vergleichen Sie dann den gesundheitlichen Preis, den Sie dafür zahlen. Das rechnet sich nie, denn die meisten Stresssituationen sind absolut unnötig. Es macht Spaß und weckt den Ehrgeiz, täglich kleine Siege zu erringen, indem man in Situationen gelassen bleibt, die einen vorher noch auf die Palme gebracht haben. Denn sind wir doch mal ehrlich: Es bringt absolut nichts, wenn man sich über andere ärgert, das verändert die Situation in keiner Weise.

Was passiert hormonell bei Stress?

Der Körper schüttet vermehrt Stresshormone aus, wie z. B. Cortisol. Auch Adrenalin und Noradrenalin werden stärker produziert. Die Wirkung dieser Hormone ist langfristig für den Körper auf allen Ebenen gesundheitsschädlich. Insgesamt bewirken sie:

1. Verengung der Blutgefäße; dadurch erhöht sich das Risiko für Herzinfarkt und Schlaganfall. Die Konzentration lässt stark nach, denn das Gehirn wird nicht mehr ausreichend mit Sauerstoff versorgt.
2. Der Blutzuckerspiegel und nachfolgend der Insulinspiegel steigen an, mit allen negativen Folgen.
3. Die Reaktion des Abwehrsystems wird herabgesetzt.
4. Eine Schwächung des Immunsystems kann zu Herz-, Magen-, Darm- und Nervenerkrankungen führen.
5. Hormonelles Ungleichgewicht auf allen Körperebenen: Das Stresshormon Cortisol regt den Appetit an; es lässt Zellen des Kurzzeitgedächtnisses absterben und verhindert die Bildung der Hormone, die schlank und glücklich machen. Cortisol erhöht den Insulinspiegel, Insulin macht dick.

Kurz gefasst: Stress

Stress kann dick und krank machen. Die gute Nachricht: Mit Bewusstsein und Bewegung können wir ihn verhindern oder abbauen. Wichtig ist, dass die Stresssituationen auch als solche erkannt werden. Gehen Sie liebevoll mit sich um!

Ein empfehlenswertes Buch zum Thema: »Simplify your life« von Werner Küstenmacher. Dort können Sie lesen, was uns außer Stress noch belastet.

Bewusst mit Stress umgehen

Stress kann man ganz bewusst angehen. Auch Sie sollten dies tun, für ein friedliches Miteinander und für Ihre Gesundheit. Nutzen Sie das vielfältige Angebot in Praxen oder Kursen mit verschiedenen Techniken. Denn Stress ist eine Entscheidungssache, wie Sie mit sich und Ihrem Leben umgehen. 90 Prozent der Situationen, die Ihnen Stress bereiten, kann man abstellen, indem man sich einfach gelassen der Situation stellt. Überprüfen Sie das bitte.

Schmerzen: akut oder chronisch

Unser Wohlbefinden und unsere Gesundheit sind davon abhängig, wie gut unsere Zellen arbeiten, d. h., wie gut unsere Zellen mit Sauerstoff und Nährstoffen versorgt werden und wie sie miteinander kommunizieren. Die Kommunikation findet nur dann statt, wenn genug gute Hormone gebildet werden, die ihre Aufgabe als Botschafter auch erfüllen können. Wichtig sind vor allem die Eicosanoide, die Gewebshormone, die entscheiden, ob das Gewebe gut oder schlecht versorgt ist. Genauer gesagt, hängt die Versorgung des Gewebes davon ab, ob gute oder schlechte Eicos gebildet wurden. Die Bildung der Eicos ist, wie wir gehört haben, fast nur von der Ernährung, also von Essen und Trinken, sowie Bewegung abhängig.

Chronische Schmerzen bedeuten oft nichts anderes als: Wir wissen nicht, welche Ursache das Krankheitsbild des Patienten hat und wie wir es behandeln sollen, z. B. ein Lendenwirbelsyndrom, ein Magen-Darm-Syndrom oder ein Halswirbelsäulensyndrom. Es ist so, dass wir durch die immer besser werdenden bildgebenden Verfahren wie Kernspin, Computertomographie und viele mehr bis auf den kleinsten Riss untersucht werden können. Man ist dann ganz froh, wenn man etwas findet, und präsentiert eine Diagnose wie: Facettensyndrom, Spinalkanalstenose, Karpaltunnelsyndrom oder Patellaspitzensyndrom. Der Patient hat Schmerzen und auch Auffälligkeiten in den »gestochen« scharfen Bildern. Ich betone gestochen deswegen so, weil diese bildgebenden Techniken bei allen Menschen etwas finden, was zu einer Diagnose passen würde. Auch bei denjenigen, die keinerlei Beschwerden haben, wird etwas gefunden. Denn wenn jemand eine Verengung des Wirbelsäulenkanals hat, bedeutet das noch lange nicht, dass er auch Schmerzen haben muss. Der Körper kann das Defizit mit gut wassergefüllten und nährstoffversorgten Zellen um die Verengungsstelle herum ausgleichen.

Krankheit ohne Schmerzen?

Es gibt Menschen, die haben Bandscheibenvorfälle, aber keinerlei Beschwerden. Aber wehe, sie haben dann irgendwann, weil's doch mal gezwickt hat, eine Untersuchung und eine darauffolgende Diagnose, die lautet: »Sie haben einen Bandscheibenvorfall und müssen damit leben!« Das trifft Sie erst einmal und Ihnen geht's danach gleich wesentlich schlechter. Wohlgemerkt, der Bandscheibenvorfall kann alt sein und keinerlei Schmerzen verursacht haben. Wie kann das sein? Wenn es im Körper zu einer Krise kommt, die durch viele Dinge ausgelöst werden kann, wie z. B. Sorgen, Angst, Kummer, Streit, schlechte Nahrungsaufnahme, zu wenig Wasser und dergleichen, bildet er Symptome an der Stelle aus, die sowieso geschädigt ist, vorher aber nicht wehtat. D. h., wenn das Ungleichgewicht behoben ist, dann kommt auch die Schmerzfreiheit wieder zurück, vorausgesetzt, der Betroffene versteht die Zeichen seines Körpers und handelt – in Form von Ernährungsumstellung, Physiotherapie, Psychotherapie oder anderem.

Eine provokante Tatsache

Eine mit Wasser, Sauerstoff und Nährstoffen prall gefüllte Zelle tut nicht weh und wird nicht krank! In der Realität ist das natürlich nicht so leicht, denn die Faktoren, die außer Wasser, Nahrung und Bewegung noch wirken und uns aus dem Gleichgewicht bringen, sind nicht zu vernachlässigen: Sorgen, Trauer, Streit, Unglück und mehr. Sonst hätten wir schon die unbegrenzte Lebensdauer und ewige Gesundheit und Jugend entdeckt. Trotzdem ist eine Ernährung im hormonellen Gleichgewicht die wichtigste Stütze für ein gesundes, aktives, glückliches, spannendes Leben, wie lange es auch immer vorgesehen sein mag. Durch welleat können wir viel unnötiges Leid und Kosten verhindern.

Der Körper ist in der Lage, Schmerzen auszugleichen, wenn der Körper gut ernährt ist.

Die Medizin diagnostiziert immer wieder Neues

Jährlich werden immer neuen Befunden, also Diagnosen, Namen gegeben, denn jährlich kommt eine neue Untersuchungstechnik dazu. Dann leiden wir plötzlich an Dingen, die vorher noch keiner kannte. Das sollte uns zu denken geben, denn was ist der Unterschied zwischen den Menschen, die Schmerzen haben, und denen, die keine haben? Man würde bei gründlicher Untersuchung bei beiden etwas finden. Der Unterschied liegt darin, dass die Menschen mit Schmerzen an einer Mangelversorgung von Sauerstoff, Nährstoffen und guten Gewebshormonen leiden, also einen Mangel an Nahrung und Bewegung haben. Der Körper kann sich aber auch mit Schäden, die wir alle haben, so organisieren, dass wir schmerzfrei und gesund sind – trotz Schäden am Bewegungsapparat: Voraussetzung ist, dass alles gut ernährt ist. Das ist bei denjenigen der Fall, die sich gut ernähren und bewegen.

Wassermangel und Schmerzen

Die Zellversorgung mit Wasser ist die Voraussetzung dafür, dass wir trotz Schäden in Bandscheiben, Gelenken, Muskeln schmerzfrei leben können. Die beste Physiotherapie ist chancenlos, wenn die Zellen zu sehr ausgetrocknet sind. Diese Schmerzen bezeichne ich auch als »lokalen Durstschmerz«. Dann macht der Therapeut eine sogenannte Symptomverschiebung, d. h., man transportiert innerhalb einer Behandlung Wasser von einer etwas mehr gefüllten Zelle zu einer ausgetrockneten, was zur Folge hat, dass sich das Problem des Patienten oft bessert, es aber nach einer gewissen Zeit woanders anfängt zu zwicken. Deshalb ist es wichtig, den Patienten über seinen »Durst« aufzuklären, denn die Behandlung kann letztendlich nur erfolgreich sein, wenn der Patient anfängt, genug Wasser zu trinken (siehe auch Seite 96). Auch eine ausgewogene Ernährung ist wichtig: Zwar kann ich den Patienten dazu nicht zwingen, informiere ihn aber trotzdem und rate ihm zu einer Ernährungsumstellung. Denn der Erfolg einer Ernährungsumstellung gerade bei chronischen Schmerzen, Kopfschmerzen, Migräne, Bauchschmerzen, Rückenschmerzen, Gelenkentzündungen ist verblüffend.

Schmerzhafte chronische Krankheiten

Natürlich gibt es auch Schädigungen im Körper, wie eine fortgeschrittene Arthrose, die nicht mehr »wegzutrinken« oder durch Ernährung zu beseitigen sind. Aber auch hier gilt: Ein Gewebe, das insgesamt gut ernährt ist, kann etwas von dem Schaden auffangen,

Die Erkenntnis des Zusammenhangs von Schmerzen und einem Mangel an Nährstoffen und Wasser ersetzt nicht den Besuch beim Arzt, denn ob der Schmerz organische Ursachen hat, kann nur der Arzt beurteilen.

Kurz gefasst: Chronische Schmerzen

Der Körper kann, wenn er auf allen Ebenen, also Zellen, Gewebe, Nerven, optimal mit Sauerstoff und Nährstoffen versorgt ist, Schäden kompensieren oder sie erst gar nicht aufkommen lassen. Er lernt, seine Selbstheilungskräfte zu aktivieren. Eine gut funktionierende Muskulatur und Gewebe können in erkrankten Nachbargebieten eine stärkende und unterstützende Funktion übernehmen. Die Versorgung ist gewährleistet bei ausgewogener Ernährung nach den Kriterien von welleat, bei ausreichender Wasserzufuhr und bei genügend Bewegung. Lassen Sie auch Ihre Blutwerte regelmäßig kontrollieren.

wenn die Muskeln optimal arbeiten, weil überall genug Sauerstoff und Nährstoffe vorhanden sind. Sollte es dann trotzdem zu einer Operation kommen und ein neues Gelenk eingesetzt werden, z. B. eine Hüfte, sind die Voraussetzungen optimal, dass es zu einem schnellen Muskelaufbau durch gezieltes Training kommt.

Diabetes

Typ-2-Diabetes ist hausgemacht: Er ist eine direkte Folge von Fehlernährung.

Diabetes wird auch Zuckerkrankheit genannt. Es gibt zwei Formen: den Typ-1-Diabetes und den Typ-2-Diabetes, der auch als Altersdiabetes bezeichnet wird. Typ-1-Diabetes ist angeboren, d. h., die Bauchspeicheldrüse ist nicht oder kaum in der Lage, Insulin zu produzieren, was zur Folge hat, dass der Blutzucker nicht gesenkt werden kann. Diese Menschen müssen Insulin spritzen. Typ-2-Diabetes ist eine Krankheit, die sich im Laufe der Zeit durch eine Resistenz der Rezeptoren für Insulin und nachfolgend durch eine Überstrapazierung der Bauchspeicheldrüse entwickelt hat. D. h., die Rezeptoren der Zielzellen für Insulin ermüden wegen Überbeanspruchung, und auch die Bauchspeicheldrüse ermüdet oder geht zugrunde. 6,5 Millionen Deutsche sind schon an Typ-2-Diabetes erkrankt, und laut WHO ist jeder zweite Deutsche auf dem Weg dahin. Ein wichtiger Grund dafür ist Übergewicht.

Wie entsteht ein Typ-2-Diabetes?

Durch einen hohen Verzehr an schlechten Kohlenhydraten, die vom Insulin in die Körperzellen geschleust werden, schüttet die Bauchspeicheldrüse permanent hohe Dosen an Insulin aus. Dadurch ist der Insulinspiegel ständig erhöht. Gleichzeitig entsteht eine Insulinresistenz der Zellen, d. h., die Körperzellen erkennen das Insulin nicht mehr richtig und sie werden nicht mehr ausreichend mit Zucker, also Energie, versorgt. Als Gegenreaktion kurbelt die Bauchspeicheldrüse die Insulinproduktion an, um die verminderte Insulinempfindlichkeit auszugleichen. Irgendwann erlahmt auch die Bauchspeicheldrüse, Typ-2-Diabetes ist entstanden.

Typ-2-Diabetes kann verhindert werden, indem Sie alle schlechten Kohlenhydrate und schlechten Fette meiden oder stark einschränken, indem Sie Stress abbauen und sich mehr bewegen. Dia-

► Ursachen für Typ-2-Diabetes

1. Zu hoher Verzehr von verschiedenen Zuckerarten, also Kohlenhydraten
2. Verzehr falscher Fette
3. Zu hoher Alkoholkonsum
4. Zu wenig Bewegung
5. Zu viel Stress

betes kann man im Blut (Blutzucker, Homocystein, Triglyceride) oder im Urin (Blutzucker) nachweisen. Je nach Konzentration des Zuckers im Urin und der Höhe der Blutwerte spricht der Arzt dann von beginnendem oder fortgeschrittenem Typ-2-Diabetes.

Beginnender Diabetes

Beim beginnenden Diabetes kann noch mit konsequenter Ernährungsumstellung eingegriffen werden. Die Krankheit kann sogar vollständig rückgängig gemacht werden, denn die Rezeptoren an den Zellen für Insulin, die in diesem Fall wegen Überbelastung erlahmt sind, können sich regenerieren und man kann wieder vollständig gesunden.

Fortgeschrittener Diabetes

Bei fortgeschrittenem Diabetes wird mit Medikamenten behandelt. Sie zwingen die schon stark in Mitleidenschaft gezogene Bauchspeicheldrüse, Insulin auszuschütten. Das geht dann eine Weile gut, doch irgendwann kann auch kein Medikament mehr die Bauchspeicheldrüse animieren zu arbeiten. Die letzte Möglichkeit ist dann, Insulin zu spritzen. Das Ende des Ganzen ist dann meistens eine Kombinationskrankheit mit dem Namen Syndrom X. Diese Krankheit geht einher mit: Typ-2-Diabetes, Übergewicht, Fettstoffwechselstörung, Bluthochdruck und Gerinnungsstörungen. Vermutlich wird diese Erkrankung in den nächsten Jahren massiv zunehmen, denn noch nie gab es so viel Übergewicht, Bluthochdruck, Allergien usw. Dies gilt es zu verhindern.

Menschen mit Diabetesrisiko

- Menschen mit Übergewicht
- Starke Raucher, starke Trinker
- Bewegungsfaule
- Kohlenhydrat-Junkies, die viel Softdrinks und Süßigkeiten konsumieren, Light-Konsumierer
- Ganz Ernährungsbewusste, die viel Kohlenhydrate und wenig Eiweiß verzehren
- Vegetarier, die nicht bewusst Eiweiß ausgleichen
- Menschen mit erhöhten Werten von Homocystein und Triglyceriden

Nahrung als stärkste Medizin

Um das Syndrom X zu verhindern, bedarf es einer Erneuerung der momentan gängigen Ernährungspyramide, der empfohlenen Diäten und des Ernährungsbewusstseins jedes Einzelnen. Denn: Wir haben die stärkste Medizin, die Nahrung, zur Verfügung und sollten sie nutzen, bevor wir den Rest unseres Lebens damit verbringen, zum Arzt zu gehen und sinnlose Diäten zu machen oder einfach körperlich und geistig nicht auf der Höhe zu sein. Wir können dadurch viel Geld sparen.

Was kann man gegen die Krankheit tun?

Wenn Sie zur Risikogruppe (siehe Kasten oben) gehören oder gesundheitliche Probleme haben, dann stellen Sie am besten Ihre Ernährung streng nach den Kriterien von welleat um. Lassen Sie regelmäßig Ihre Blutwerte untersuchen (siehe Kapitel »Hormone & Laborwerte verstehen«, ab Seite 150) und besprechen Sie mit Ihrem Arzt oder Heilpraktiker einen Ernährungsplan.

Wenn Sie nicht zur Risikogruppe gehören, wird ebenfalls empfohlen, sich nach den Kriterien von welleat zu ernähren, denn diese helfen, den Insulinspiegel zu kontrollieren. Ärzte und Heilpraktiker raten dazu, mindestens alle zwei Jahre eine komplette Blutuntersuchung zu machen.

Folgen der Nahrungsumstellung

Wenn Sie Ihre Nahrung von den gängigen Ernährungsregeln mit vielen Kohlenhydraten, weniger Eiweiß und ganz wenig Fett umstellen auf die Nahrung nach dem welleat Konzept, das ein hormonelles Gleichgewicht zur Folge hat, müssen Sie vorübergehend eventuell mit einigen Übergangserscheinungen rechnen, die unter Umständen nicht ganz angenehm sind.

Entgiftungserscheinungen

Je mehr der Körper vor der Nahrungsumstellung mit Giften in Form von Kaffee, Alkohol, Medikamenten, Junkfood oder Rauchen bombardiert wurde, desto spürbarer wird die Umstellung sein. Auch wer großem Stress ausgesetzt war, wenig getrunken oder sich wenig bewegt hat, wird die Auswirkungen merken. Denn wenn einem vergifteten Körper das Gift entzogen wird, reagiert er erst einmal irritiert: Folgen nicht mehr so viele Gifte, fängt er an, seine in jeder Zelle eingelagerten Gifte zu lösen und in den Blutkreislauf zu befördern. Das kann, je nach Vergiftungsgrad, wochenlang dauern und zu Problemen führen wie: Kopfschmerzen, Magenreizungen, depressiven Verstimmungen, Gliederschmerzen, Grippegefühl und einer Wut über die Umstellung, denn vorher ging es einem eigentlich besser. Es handelt sich um eine Art Erstverschlimmerung.

Nur Mut!

Diese Symptome gehen weg und wären sowieso im Laufe der Vergiftung gekommen, manche waren vielleicht sogar schon da. Im Falle dieser Beschwerden können Sie sich bei einem Arzt, Heilpraktiker oder Homöopathen zur Beschleunigung der Ausleitung Hilfe holen. Und vor allem: trinken, trinken, trinken. Wasser natürlich. Und vergessen Sie Bewegung nicht. Die Entgiftungserscheinungen müssen nicht spürbar sein, sie können auch nur ein paar Tage andauern. Natürlich ersetzt die Ernährung im Akutfall keinen Arzt, und ich bitte Sie, auch einen aufzusuchen, sollten die Beschwerden stark sein oder länger andauern. Generell gilt: Vor der Ernährungsumstellung zum Arzt gehen bei diagnostizierten Krankheiten und regelmäßiger Medikamenteneinnahme.

Achtung, Zuckerfalle!

Die alten Ernährungsgewohnheiten sind vielen zu lieb, als dass sie sich ganz davon trennen möchten. Welche Lösungen es gibt, wenn Sie auf Ihre Süßigkeiten oder Nudeln nicht verzichten können, Eiweiß nicht bei jeder Mahlzeit zur Verfügung haben oder Sie sogar bei Ihrer alten Ernährungsweise bleiben möchten.

Eiweißverzehr bei jeder Mahlzeit

Aufgrund der vielen positiven Patientenreaktionen möchte ich Ihnen Folgendes nicht vorenthalten, betreffend Eiweißlingen und Eiweißpulver: Zwar ist es für die Patienten einleuchtend, zu jeder Mahlzeit Eiweiß zu verzehren, und sie berichten auch über deutlich positive Veränderungen, aber trotzdem ...

Frühstück

Beispiel Obst: Es ist nicht jedermanns Sache, schon morgens gutes Eiweiß zu sich zu nehmen, also Putenbrust, Fisch oder auch Quark. Viele Patienten möchten morgens gerne nur Obst essen. Was dafür spricht, ist, dass Obst wertvolle Vitamine, Ballaststoffe und für das Gehirn guten Zucker liefert, da es zu den guten Kohlenhydratlieferanten zählt. Was dagegen spricht, ist, dass Obstverzehr Insulin ausschüttet ohne den Gegenspieler Glukagon und dadurch der Blutzuckerspiegel aus seinem Gleichgewicht gebracht wird.

Beispiel Müsli: Auch hier haben viele Patienten gesagt, sie möchten nicht ohne ihr geliebtes Müsli aus dem Haus. Das müssen sie auch nicht. Obwohl hier auch zum Blutzuckergleichgewicht Eiweiß fehlt. Milch ist kein direkter Eiweißlieferant, denn sie besteht zu 50 Prozent aus Kohlenhydraten – und ist als neutral anzusehen.

Eiweißprodukte richtig einsetzen

Nehmen Sie vor oder gleichzeitig zu Ihrer Kohlenhydratmahlzeit (Obst, Müsli) vier Eiweißlinge mit etwas Wasser ein. Oder mischen Sie sich einen Eiweißdrink mit 11 Gramm Pulver mit Wasser oder geben Sie es direkt ins Essen, z. B. unter das Müsli rühren. Beinhaltet Ihr Frühstück etwas Eiweiß, z. B. Quark, nehmen Sie nur zwei Eiweißlinge oder 8 Gramm Pulver. Bitte verwenden Sie bei den Eiweißpulvern auch nur reine Produkte, denen keine Süßstoffe zugefügt wurden (siehe Kapitel »Süßstoffe«, Seite 114).

Was passiert bei einem reinen Kohlenhydratfrühstück?

Wenn Sie ein reines Kohlenhydratfrühstück in Form von Müsli zu sich nehmen, geschieht Folgendes: Der Körper wird blitzartig überschwemmt von einer großen Zuckerflut, schüttet unverhältnismäßig viel Insulin aus, was den Blutzucker immens senkt. Die Folgen, die Sie nach etwa 1 bis 3 Stunden spüren können, sind große Müdigkeit, Konzentrationsschwäche, Heißhunger auf Süßes oder einfach großer Hunger. Bei Obst passiert im Prinzip dasselbe, nur nicht ganz so rasch, da Fruchtzucker langsamer ins Blut gelangt und daher die Insulinausschüttung nicht ganz so groß ist. Trotzdem bewirkt auch der Verzehr von Obst einen Blutzuckerabfall, der zu oben genannten Erscheinungen führt.

Was passiert, wenn Sie Eiweiß dazu kombinieren?

Die negativen Folgen des Kohlenhydratfrühstücks entfallen, denn durch den Verzehr von Eiweiß wird das Hormon Glukagon gebildet, der Gegenspieler von Insulin: Dadurch wird der Blutzuckerspiegel konstant gehalten. Dann werden sie nicht müde, können sich konzentrieren und erliegen nicht irgendeinem unkontrollierten Heißhungerflash, indem Sie zu den nächstliegenden Süßigkeiten greifen, die dasselbe Spiel wieder von vorne beginnen lassen: Zucker rein, Insulin hoch, Blutzucker runter, Hunger ... Sie kennen das ja jetzt schon. Sie sind ja mittlerweile selbst schon Profi.

► Kurz gefasst: Eiweiß muss sein

Sie können alles essen, solange Sie wissen, welche Nahrungsmittel zu den Kohlenhydraten und welche zu den Eiweißen zählen. Kombinieren Sie diese, hat das zur Folge, dass Ihr Blutzuckerspiegel konstant gehalten wird, mit allen positiven Folgen.

Sie fühlen sich:

- satter
- wacher
- konzentrierter
- motivierter
- zu Höchstleistungen fähiger
- einfach körperlich und geistig auf Ihrem besten Niveau.

Das sind die Folgen, die Sie direkt zu spüren bekommen. Die langfristigen Auswirkungen sind, ein unbeschwerteres, von weniger Pein geplagtes Leben zu führen und sich wohler zu fühlen. Sie haben es in der Hand. Sie können selbst entscheiden.

Süße Verführung

Überall und zu jeder Zeit lauert sie, die süße Verführung: ob beim Bäcker, im Supermarkt oder an der Tankstelle. Überall liegen die nett verpackten, bunten Schachteln, Riegel oder Tüten herum und locken oder quälen uns mit ihrem Anblick. Süßes essen kann ein Genuss sein – oder auch eine Qual.

Erst der Genuss...

Wer kennt das nicht: die ruhige Befriedigung nach einer Tafel Schokolade?! Frauen sind von dieser Serotoninsucht öfter befallen als Männer, denn sie brauchen eine höhere Dosis Serotonin, damit sie die beruhigende, befriedigende, euphorisierende Wirkung verspüren. Mittlerweile wissen Sie, was passiert, wenn man kräftig in die Süßigkeitenkiste gegriffen hat. Zugegeben, das glücklich machende Serotonin schießt ein, aber auch das Insulin mit allen seinen negativen Folgen. Und nach 2 bis 3 Stunden ist der Blutzucker im Keller, und was macht das Gehirn? Es schreit nach Zucker!

...dann die Qual

Und damit kann Süßes zur Qual werden, denn Sie werden quasi gezwungen, wieder etwas Süßes zu essen, damit das Gehirn weiterarbeitet – die Falle hat zugeschlagen.

► Die Süßigkeitenfalle

- Sie haben ein schlechtes Gewissen.
- Sie wollten gar nichts mehr essen und sind sauer und enttäuscht, weil Sie es doch wieder getan haben.
- Dabei haben Sie sich doch gestern fest versprochen, heute keine Süßigkeiten zu essen.
- Sie werden immer dicker.
- Sie sind müde, können sich nicht konzentrieren.
- Sie sind lustlos oder aggressiv.
- Sie fühlen sich körperlich und geistig einfach nicht in Topform.

► Lohnenswert: 3 bis 4 Tage ohne Süßes

1. Sie werden von Ihren Bedürfnissen nicht mehr so ferngesteuert sein.
2. Sie können freier entscheiden, was und wann Sie essen, da Ihr Unterzucker nicht mehr der Chef ist, sondern Sie.
3. Sie fühlen sich körperlich und geistig leichter, beweglicher, wacher, konzentrierter.
4. Viele Alltagsdinge gehen Ihnen leichter von der Hand.
5. Sie haben zu den Hauptmahlzeiten angenehmen Hunger und fühlen sich nicht schon von der nachmittäglichen Schokolade »total voll«.
6. Der Gang auf die Waage fängt an, Spaß zu machen – das motiviert weiterzumachen.

Die Kohlenhydratfalle

Was ist passiert? Sie befinden sich in der Kohlenhydratfalle – und das ist eine Qual, denn wie das Wort schon sagt, ist es eine Falle, und in einer Falle zu sitzen macht unfrei und lähmt uns. Was kann man dagegen tun? Wenn Sie sich in dem Zustand der Kohlenhydratfalle befinden, d. h., wenn Sie seit langer Zeit jeden oder zumindest fast jeden Tag Süßes essen, dann heißt das für Sie erst einmal: Fangen Sie an, Wasser zu trinken, bewegen Sie sich, und ernähren Sie sich nach den Kriterien von welleat, denn dort ist eine Insulinkontrolle gewährleistet, die von entscheidender Wichtigkeit ist, um von der Zuckersucht loszukommen! Sie werden merken, dass der Heißhunger schon bald nachlässt.

Süßes dosieren wie Gift

Es können noch viel mehr Dinge mit Ihnen geschehen. Probieren Sie es aus! Es soll hier nicht heißen: Nie mehr Süßes essen! Wenn Sie sich nicht mehr »in der Falle« befinden oder sich vielleicht noch nie darin befunden haben, dann heißt das für die Zukunft: Dosieren Sie Süßes wie Gift. Leider konnte ich auch nach jahrelangen Recherchen nichts finden, was dafür spricht, regelmäßig weißen

Zucker zu essen. Es ist nur für den Moment gut, also für den Moment der Hormonausschüttung. Die lässt schnell nach – und dann haben wir einen niedrigen Blutzucker mit allen negativen Folgen. Das einzige Süßungsmittel, das ich gefunden habe, das keine Auswirkung auf den Insulinspiegel hat, ist Reissirup, der im Bioladen erhältlich ist. Er schmeckt toll und süßt.

Zucker bringt uns überhaupt keine Vorteile – außer direkt beim Verzehr. Also nur für eine ganz kurze Zeit!

Nur die 20 Prozent der Menschen, die von ihren Genen geküsst wurden, merken nicht so viel von den Folgen regelmäßigen Süßverzehrs, sie reagieren nicht mit einem hohen Insulinausschlag. Bei den übrigen 80 Prozent gibt es nichts schönzureden: Zucker schadet uns körperlich und geistig – und er kann uns krank machen.

Der Genuss soll nicht zu kurz kommen

Da unser Leben genussvoll bleiben soll, auch wenn man sich gut ernährt, ist es anzuraten, darauf zu achten, welche Süßigkeiten wir

► Empfehlenswerte Süßigkeiten

1. Bitterschokolade mit einem Kakaogehalt von mindestens 70 Prozent. Sie enthält weniger Zucker, macht aber trotzdem glücklich, da der Kakao im Körper eine Serotoninausschüttung bewirkt.
2. Gummibärchen aus dem Bioladen. Diese enthalten weniger Zucker als herkömmliche aus dem Supermarkt.
3. Bei Kuchen immer daran denken, dass es auch hier wichtig ist, auf die Kombination von Eiweiß und Kohlenhydraten zu achten. Also ist Käsekuchen z. B. besser als Hefezopf. Den Kuchen am besten immer selbst backen, dann können Sie Reissirup (mit diesen guten Kohlenhydraten, der keinen Insulinanstieg bewirkt, können Sie sehr gut süßen) und Vollkornmehl verwenden.
4. Idealer Nachtisch: Mischen Sie fettarmen Quark, fettarmen Frischkäse und Himbeeren mit etwas Reissirup. Das ist eine köstliche, ausgeglichene Kombination von Eiweiß (in Quark und Frischkäse), Kohlenhydraten (in den Himbeeren) und Fett (im Frischkäse).

Kurz gefasst: Glücklich ohne Zucker

Achten Sie einmal darauf, wie es sich anfühlt, nichts Süßes zu essen, und vergleichen Sie Ihre körperliche und geistige Verfassung damit, wenn Sie wieder Süßes zu sich nehmen. Vielleicht geht es Ihnen dann so, wie vielen meiner Patienten, dass Sie ein Leben ohne Süßes nicht mehr missen wollen, denn vielleicht fühlt sich dieser neue Zustand bei Ihnen auch wesentlich besser an.

zu uns nehmen. Es gibt solche, die uns mehr schaden, und solche, die uns nicht so schaden. Das liegt am unterschiedlichen Zucker- und Fettgehalt. Auch beim Verzehr von Süßem ist auf die Kombination von Eiweiß und Kohlenhydraten zu achten. Bei Süßem handelt es sich immer um Kohlenhydrate, daher sollte wegen des Zuckers immer ein Eiweiß dazu kombiniert werden, um nicht aus dem hormonellen Gleichgewicht zu kommen. Da es sich nicht anbietet, zu Bitterschokolade Putenbrust oder ein kleines Schnitzel zu essen, bleiben uns Quark, Hüttenkäse oder ein bis zwei Eiweißlinge. Oder wenn Sie kein Eiweiß zur Hand haben, können Sie sich mit der nächsten Mahlzeit wieder in Ihr Gleichgewicht bringen. Denn Sie wissen ja: Sie können sich bei einer Mahlzeit aus und bei der nächsten wieder in Ihr Gleichgewicht bringen.

Nutzen Sie Ihr Wissen von der klugen Kombination von Eiweiß und Kohlenhydraten, und Sie kommen nicht aus dem Gleichgewicht. Auch bei Süßem gilt: Die Dosis macht das Gift. Genießen Sie kleine Mengen und das nicht jeden Tag. Und wenn Sie Süßes essen, dann vergessen Sie den Eiweißling nicht. Wenn Sie eingeladen sind und es Kuchen gibt: Keine Angst und kein schlechtes Gewissen, denn ein Körper, der regelmäßig ausgeglichen ernährt wird, steckt auch eine Kuchenorgie weg. Bei der nächsten Mahlzeit können Sie sich dann wieder in Ihr Gleichgewicht bringen. Ein schlechtes Gewissen macht dick – gezielter Genuss hingegen glücklich. Genießen Sie deshalb lieber, denn Genuss generiert Glückshormone. Ein schlechtes Gewissen macht uns Stress, generiert Stresshormone, und die machen uns dick.

Weißer, raffinierter Zucker macht dick, müde und krank und übersäuert uns. Er senkt den Blutzucker, macht hungrig und ist zudem ein Mineralienräuber, denn er benötigt Mineralien, um im Körper verstoffwechselt zu werden – Mineralien, die ihm vorher bei der Raffinierung entzogen wurden.

Hormone & Laborwerte verstehen

Nicht nur durch die Nahrung, auch durch Bewegung, Gedanken, Taten und Gefühle können wir unsere Hormone beeinflussen. Welche Hormone uns schlank, glücklich, sexy und gesund machen und was uns die Blutwerte beim Arzt sagen.

Weitere Hormone

Im Kapitel »Was die Nahrung mit uns macht« (ab Seite 22) haben Sie bereits erfahren, wie die Hormone Insulin und Glukagon und die Eicosanoide wirken und warum ihr Gleichgewicht für unser Wohlergehen so eine große Rolle spielt. Doch es gibt noch eine Reihe weiterer Hormone, die Sie durch Ihr Verhalten aktiv beeinflussen können – damit Sie glücklich, gesund, sexy und schlank werden.

Serotonin

Serotonin ist ein Hormon, das uns satt macht und glücklich. Es ist ein Glücksbotenstoff, der sich in den Nervenzellen des Gehirns befindet. Haben wir genug davon, sind wir satt und zufrieden. Mangelt es uns an Serotonin, sind wir müde, gereizt, antriebslos, lustlos oder gar depressiv. Der Körper bildet Serotonin aus der Aminosäure Tryptophan. Tryptophan wird mithilfe von Insulin von den anderen Aminosäuren aus dem Eiweiß getrennt und kann so ins Gehirn gelangen. Die anderen Aminosäuren wandern beispielsweise in die Muskeln. Befindet sich das Tryptophan dann im Gehirn, wird daraus das Serotonin gebildet.

► Wann bildet der Körper Serotonin?

1. Beim Joggen oder bei Bewegung an der frischen Luft und im Sonnenlicht, zumindest im Tageslicht – auch sinnvoll, um keine Winterdepression aufkommen zu lassen.
2. Beim Verzehr von fettarmen Eiweißlieferanten und Obst, denn das Eiweiß besteht aus Aminosäuren, und Obst produziert Insulin, das gebraucht wird, um das Tryptophan aus dem Aminosäurenverbund herauszulösen.
3. Beim Sex: Serotonin spielt eine wichtige Rolle für das Lustgefühl, indem es bestimmte Nerven stimuliert.
4. Beim Essen von Schokolade: ein paar Minuten Serotonin in den Nervenzellen – eine Ewigkeit als Speck auf den Hüften.

Endorphine

Endorphine sind morphiumähnliche Substanzen, die unser Körper selbst bildet – daher auch der Name. Sie durchfluten den Körper mit Glück und beseitigen Schmerzen. Sie sind unsere körpereigenen Drogen, die in Extremsituationen vom Körper ausgeschüttet werden. Dann brauchen wir nämlich die positive Wirkung dieser Gute-Laune-Botenstoffe der Nerven: Sie schärfen die Wahrnehmung, beruhigen und sind angstlösend, versetzen uns in eine wohlige Stimmung bis hin zur Ekstase. Außerdem stärken sie die Abwehrkräfte.

Wann bildet der Körper Endorphine?

1. Beim Joggen: Es gibt sogar einen Endorphinrausch durchs Joggen, den sogenannten »Runners High«. Wer mehrmals die Woche für mindestens 30 Minuten joggt oder walkt, wird durch ein Gefühl von Unbeschwertheit und Leichtigkeit belohnt. Dann wird man von einer Flut von Endorphinen überschüttet. Sind Sie erst mal auf dieser »Droge«, bekommen Sie Entzugserscheinungen, wenn Sie mal nicht zum Joggen kommen, z. B. durch Krankheit oder anderes.
   Bei Menschen mit folgenden Beschwerden ist Joggen oder Bewegung deshalb ein absolutes Muss, denn sie haben einen Endorphinmangel: chronische Müdigkeit, Angstzustände, Panikattacken.
2. Beim Verzehr von Obst und Gemüse – diese Lebensmittel produzieren auch Endorphine, vor allem Paprika, mit dem Scharfstoff Capsaicin.
3. Beim Verzehr von Eiweißlieferanten (aber bitte fettarme), denn auch Endorphine bestehen aus Aminosäuren.
4. Bei erfülltem Sex: Endorphine sorgen für einen rauschähnlichen Zustand und verringern das Schmerzempfinden.
5. Auch der Verzehr von Schokolade hat eine Endorphinausschüttung zur Folge, doch die Pfunde bleiben.

Somatotropin

Dieses Hormon ist das Wachstumshormon unseres Körpers. Es repariert unsere Zellen und macht uns jung. Es ist das Hormon, das in Arztpraxen am häufigsten verabreicht wird, die Königin unter allen Hormonen. So viele Funktionen hat kein anderes Hormon. Somatotropin ist der Jungbrunnen unter den Hormonen. Wer viel davon hat, profitiert: Er ist schlank und sieht gut aus und hat Lust

Multitalent Somatotropin

Was Somatotropin alles kann

- Somatotropin reguliert sowohl das Wachstum als auch die Regeneration aller Zellen.
- Es fördert den Einbau von Eiweißen in die Zellen.
- Es stimuliert die Zellen für das Abwehrsystem.
- Es verbrennt Fett und macht schlank: Es ist die stärkste fettverbrennende Substanz im Körper.
- Es macht glatte Haut, denn es verbessert durch den Einbau von Eiweiß in der mittleren Hautschicht die Gewebefestigkeit.
- Es ist das beste und effektivste Dopingmittel, baut super Muskeln auf: Es vermehrt die Anzahl der Muskelzellen.
- Es repariert Knochen und Organe.
- Es macht schlau, denn es ist in der Lage, die Eiweißsynthese im Gehirn zu stimulieren.
- Es verjüngt uns.

Wann stellt der Körper Somatotropin her?

1. Essen Sie fettarme Eiweißlieferanten, denn dadurch stellen Sie dem Körper Aminosäuren zur Verfügung, die er für den Bau des Hormons benötigt.
2. Machen Sie leichtes Krafttraining mit höchstens einer Minute Pause zwischen den einzelnen Übungseinheiten; in dieser Pause wird im Körper jeweils das Wachstumshormon ausgeschüttet.
3. Joggen, walken oder laufen Sie.

am Leben und am Sex. Wer wenig davon hat, neigt dazu, dick zu werden, oder ist es schon, hat Falten und keine Lust. Ab dem 30. Lebensjahr lässt die Produktion nach – ab dem 60. haben wir kaum mehr eine. Da muss man nachhelfen, denn sonst fühlt man sich alt.

Das Wachstumshormon hat nachts seine stärkste Wirkung. Je nachdem, wie sein Spiegel ist, altern wir oder verjüngen. Wenn wir nachts schlafen, hat das Hormon die Aufgabe, uns zu reparieren und zu regenerieren. Die Voraussetzung, dass das Hormon vermehrt ausgeschüttet wird und seiner Arbeit nachgehen kann, ist, dass der Insulinspiegel nicht hoch ist. Das heißt, wenn Sie abends viele schlechte Kohlenhydrate zu sich nehmen und der Insulinspiegel hochschnellt, kann das Wachstumshormon nicht in voller Menge ausgeschüttet werden und dadurch auch nicht volle Arbeit leisten. Wir werden nicht repariert und nicht regeneriert. Wir werden langsam spürbar und sichtbar alt.

Wählen Sie Ihr Abendessen so, dass Sie fettarme Eiweißquellen mit Kohlenhydraten kombinieren, dann kann das Wachstumshormon volle Arbeit leisten: Wir fühlen uns morgens jung und sehen auch so aus.

Dopamin

Das Hormon ist ein Botenstoff im Nervensystem, der für seelische und körperliche Aktivität sorgt – es ist der Schlüssel für ein glückliches und bewegtes Leben. Doch es ist mit Vorsicht zu betrachten, denn wenn wir zu wenig Dopamin haben, schadet uns das sehr, es macht sogar krank (Parkinson). Aber auch ein Zuviel hat verheerende Folgen: Normalerweise registrieren wir nur 10 Prozent von dem, was in unserer Umwelt passiert; bei einer Überproduktion von Dopamin kommt es zu sogenannten Wahrnehmungsgenies, die über 20 Prozent dessen, was passiert, mitbekommen. Nicht immer muss es zum Zusammenbruch kommen. Aber es kann – je nach Dopaminkonzentration, also Intensität der verschiedenen Stimulanzien – starke psychische Reaktionen auslösen. Die Überreizung des Nervensystems kann schließlich dazu führen, dass Seele und Geist des Betroffenen krank werden. Das Hormon wird vermehrt ausgeschüttet bei Drogenkonsum, bei Sex oder Verliebtheit.

Dopamin wird aus den Aminosäuren Phenylalanin und Tyrosin hergestellt, die über die Nahrung in den Körper gelangen, denn er kann diese beiden Aminosäuren selbst nicht herstellen. Sie sind in allen Eiweißen enthalten, am meisten in der Sojabohne.

Dopamin – Antriebsmotor im Körper

Dopamin wird gebraucht für

- die Steigerung der körperlichen Motivation,
- gesteigerten Antrieb,
- Gelassenheit,
- die Wahrnehmungsfähigkeit,
- das Immunsystem,
- die Durchblutung innerer Organe, wie der Niere,
- kraftvolle und harmonische Bewegungen.

Wann entsteht Dopamin in verträglicher Dosierung?

- Beim Verzehr von Eiweiß,
- bei Bewegung,
- wenn man zufrieden ist mit sich und der Umwelt,
- in schönen Momenten im Leben,
- wenn man ausreichend Zeit für sich hat,
- bei genussvollem Sex.

Schilddrüsenhormone

Unser Stoffwechsel ist entscheidend davon abhängig, wie gut die Schilddrüse arbeitet, d. h., welche Mengen an Schilddrüsenhormonen sie herstellt. Neben einigen anderen sind zwei Hormone für den harmonischen Stoffwechsel wichtig: Thyroxin (genannt fT4) und Trijodthyronin (genannt fT3). Sie steuern zahlreiche Stoffwechselvorgänge im Körper, wie Wachstum, Knochenbildung und Entwicklung des Gehirns. Außerdem sorgen fT3 und fT4 für das reibungslose Funktionieren von Herz, Kreislauf und Muskulatur.

Die beiden Hormone werden aus Jod und der Aminosäure Tyrosin hergestellt. Wenn Sie genügend gutes Eiweiß verzehren, haben Sie genug Tyrosin und können Ihren Stoffwechsel steigern.

Welche Jodmengen sind empfehlenswert?

Die wissenschaftlichen Meinungen gehen sehr stark auseinander. Die einen sagen, man muss unbedingt Jod als Nahrungsergänzung zuführen, die anderen sagen, man solle kein Jod zuführen, denn wir unterlägen schon seit vielen Jahren einer Zwangsjodierung. Seit festgestellt wurde, dass unsere Böden nicht mehr genug Jod besitzen, wird in sehr viele Lebensmittel Jod hineingemischt. Die Ergänzung mit Jod soll einer Kropfbildung vorbeugen, obwohl dies wissenschaftlich nicht belegt ist. Beweise gibt es allerdings dafür, dass wir bei Überjodierung unter folgenden Beschwerden leiden können: u. a. Herzrhythmusstörungen, Depressionen und Angina pectoris und Morbus Basedow.

Wenn Sie unsicher sind, wie viel Jod in Ihrem Blut enthalten ist, dann lassen Sie doch Ihren Jodwert beim Arzt messen. Das aktive Schilddrüsenhormon T3 sollte einen Wert von 2,6 bis 6,2 Nanogramm pro Deziliter aufweisen.

In welchen Lebensmitteln ist Jod enthalten?

Da handelsübliches Salz jodiert wird, ist es in den Lebensmitteln enthalten, die gesalzen werden: Wurst, Käse oder Bäckereiprodukte. Auch in Milch und Milchprodukten ist Jod vorhanden, denn die Tiere werden zusätzlich mit Jod gefüttert. Fisch enthält ebenfalls einen relativ hohen Anteil an Jod.

Testosteron

Testosteron ist das wichtigste männliche Sexualhormon (Androgen) und wird bei Männern im Hoden produziert. Auch Frauen brauchen dieses männliche Sexualhormon, allerdings in geringerem Maß als Männer. Es macht selbstsicher, angriffslustig, kreativ, aktiv, lebenslustig – sprich, es feuert den inneren Motor an. Bei Frauen wird es in den Eierstöcken und der Nebenniere gebildet. Es aktiviert bei beiden Geschlechtern die Libido, senkt den Cholesterinspiegel und steigert den Eiweißaufbau. Daher ist es auch verantwortlich für den Muskelaufbau. Ist die Testosteronproduktion im Gleichgewicht, haben wir eine gute Figur, wenig Fett und kein Übergewicht. Zu wenig Testosteron macht müde, lustlos und depressiv. Zu viel Testosteron macht hingegen aggressiv. Eine Messung des Testosteronspiegels bei

Wovon hängt der Testosterongehalt ab?

- Testosteron wird durch Gedanken und Gefühle gebildet, wenn sie sich um Erfolg, Macht, Glück und genussvollen Sex drehen. Diese starken Gefühle oder Gedanken haben eine Testosteronausschüttung zur Folge.
- Sex bis ins hohe Alter lässt Ihren Testosteronspiegel ansteigen. Und: Sex lässt ihn erst gar nicht so stark abfallen, wie das naturgemäß ab 40 der Fall ist.
- Verzehren Sie gutes Eiweiß wie Austern, diese enthalten viel Zink. Zink, Vitamin B6 und Eiweiß werden benötigt für die Produktion von Testosteron.
- Nehmen Sie ab, verlieren Sie Fett, dann erhöht sich auch die Produktion von Testosteron, denn die Fettzelle ist in der Lage, das Testosteron unschädlich zu machen beziehungsweise in Östrogen umzuwandeln. Das sieht man dann am Brustansatz bei Männern – sie verweiblichen. Denn: Wer viel Fett mit sich herumträgt, hat wenig Testosteron.
- Bewegen Sie sich! Beim Joggen oder Laufen erhöhen Sie Ihren Testosteronspiegel um 50 Prozent.
- Machen Sie leichtes Krafttraining mit Pausen, in der Pause wird Testosteron ausgeschüttet.
- Der Testosteronspiegel sinkt bei Stress, Drogenkonsum, Magersucht, bei der Einnahme der »Pille«, in der Postmenopause, bei persönlichen Niederlagen, bei schweren Erkrankungen und bei täglichem Sojaverzehr, denn Soja hat phytoöstrogene Wirkung. Der Testosteronspiegel sollte immer gemessen werden bei Impotenz, bei Entwicklungsstörungen und bei Krebs.

jugendlichen Straftätern hat z. B. ergeben, dass diejenigen, die wegen Gewalttaten oder kriminellen Handlungen im Gefängnis saßen, einen erhöhten Testosteronspiegel aufwiesen. Frauen mit zu viel Testosteron leiden an einer Vermännlichung.

Östrogen

Östrogen ist das Hormon der Frauen. Es schenkt uns glatte Haut und die Fähigkeit, Kindern das Leben zu schenken – außerdem auch unsere Rundungen, die dann manchmal lieblos als Problemzonen beschimpft werden. Aber was wären Frauen ohne ihre fraulichen Kurven? Zu viel Östrogen jedoch macht dick – und krank. Das Östrogen wird nicht nur in den Eierstöcken gebildet, sondern auch im Fettgewebe. D. h. je mehr Fettgewebe, desto mehr Östrogen, desto dicker ...

Was Östrogen sonst noch kann

- Es senkt den Cholesterinspiegel,
- verhindert Wasseransammlungen,
- senkt den Blutdruck,
- unterstützt das Herz,
- stimuliert Calciumeinbau in die Knochen,
- beugt Depressionen vor,
- senkt den Appetit.

Östrogen in der Balance

Verhindern Sie, dass Ihr Östrogenspiegel zu sehr steigt. Das ist dann gewährleistet, wenn Sie auf Ihr Gewicht achten, also kein Übergewicht haben. Bewegen Sie sich viel und trinken Sie genug Wasser. Schützen Sie sich aber auch vor zu wenig Östrogen – in der Menopause. Nutzen Sie die Wirkung der Pflanzenhormone, die in folgenden Produkten stecken: Leinsamen, Sonnenblumenkerne, Kichererbsen, Roggen, Walnüssen, Rotklee und Soja. Ich persönlich empfehle kein Soja – am besten Sie machen sich selber ein Bild über das Für und Wider von Soja. Freunden Sie sich mit Ihren Polstern an – denn die gehören schließlich (zu) Ihnen. Manchen Polstern, wenn sie einmal da sind, ist auch nicht mit Hungern oder Sport beizukommen. Ein kleiner Rest bleibt meistens bestehen. Dem Trend, das Fett abzusaugen, sollten Sie nicht folgen. Stehen Sie zu Ihrer Weiblichkeit und freunden Sie sich mit ihr an, bevor Sie sich den Rest Ihres Lebens über Ihre Oberschenkel oder Ihren Po ärgern, denn die Wahrscheinlichkeit ist groß, dass Sie den Rest Ihres Lebens miteinander verbringen werden – dann doch lieber in Freundschaft miteinander als in einem nicht zu gewinnenden Kampf, von Ihrer Seite aus gesehen.

Für die Bildung von DHEA ist Chrom wichtig. Vollkornprodukte, Hefeflocken und Brokkoli sind beispielsweise chromhaltige Lebensmittel.

DHEA – Dehydroepiandrosteron

DHEA ist ein sogenanntes Prohormon, eine Vorläufersubstanz. Aus ihr baut der Körper Testosteron und Östrogen. Es wird in der Nebenniere gebildet und hat auch eigene hormonelle Wirkungen.

Die Menge, die der Körper herstellt, hängt entscheidend vom Alter ab: Mit 25 Jahren haben wir unsere Produktionsspitze, mit 50 nur noch die Hälfte davon. Deshalb wird es das Hormon der Jugend genannt. Vor unkontrollierter Einnahme als Nahrungsergänzungsmittel wird gewarnt, denn die Risiken sind noch nicht erforscht – und auch hier gilt: Was wirkt, hat Nebenwirkungen. Wer mit ausreichend DHEA im Körper ausgestattet ist, ist satt, schlank und glücklich. Zu wenig DHEA kann folgende Krankheiten begünstigen: Diabetes, Tumorentstehung, Depression oder Gedächtnisstörungen.

Wann wird DHEA produziert?

- Beim Joggen und bei Bewegung.
- Beim Sex.
- Beim Verzehr von chromhaltigen Lebensmitteln.

Wichtige Laborwerte

Wenn Sie gesundheitliche Probleme haben, egal, in welcher Form, ob Bluthochdruck, chronische Schmerzen oder Übergewicht, ist es anzuraten, neben den sonst normalen Blutwerten folgende Werte mitbestimmen zu lassen. Besprechen Sie das bitte mit Ihrem Arzt.

1. Homocystein
2. Triglyceride
3. Gesamteiweiß
4. Vitamin-B-Komplex.

Die nun folgenden Hinweise zu Blutuntersuchungen, Fragebögen für die Erstellung von möglichen Diagnosen und Therapievorschläge habe ich für Homocystein und Triglyceride aus dem Buch »Die 7 Revolutionen der Medizin« von Uwe Karstätt (Heilpraktiker). Die Aussagen über Gesamteiweiß und Vitamin B stammen aus »Die Diät« von Dr. Ulrich Strunz. Ich halte deren Aussagen für sehr fundiert und wichtig und habe jahrelang gute Erfahrungen gemacht, bei mir selbst wie auch bei meinen Patienten. Alle hier folgenden Hinweise ersetzen keine ärztlichen Behandlungsmethoden oder Medikamente.

Selbst wenn Sie keine Beschwerden haben, ist es anzuraten, jedes Jahr eine Blutuntersuchung zu machen, um jede Veränderung möglichst sofort angehen zu können.

Homocystein

Homocystein ist eine Aminosäure, die als zuverlässiger Indikator für eine ganze Reihe von Krankheiten gilt, die unsere zivilisierte Gesellschaft in Gestalt von modernen Seuchen heimsucht. Dazu zählen alle Herz-Kreislauf-Erkrankungen (Arteriosklerose, Hypertonie, Schlaganfall, Herzinfarkt), chronische Schmerzen, Arthritis, Migräne, Verdauungsprobleme, Erektionsstörungen, Depression, Diabetes, Krebs und Alzheimer (Demenz).

Erhöhte Werte

Der Homocysteinwert ist erhöht ab einem Wert von mehr als 8 Mikromol pro Liter Blut. Obwohl der Zusammenhang von hohem Homocysteinwert und den oben genannten Krankheiten gesichert ist, wird dieser immer noch zu wenig untersucht. Noch immer herrscht in vielen Arztpraxen der Irrglaube, dass der Cholesterinwert der wichtigere und aussagekräftigere sei, was leider nicht stimmt, denn bei jahrelangen, mehrfachen Untersuchungen kam heraus, dass Schlaganfall- und Herzinfarktpatienten zu 50 Prozent keinen erhöhten Cholesterinspiegel aufwiesen, aber zu 100 Prozent einen hohen Homocysteinwert (Hcy-Wert).

Die Behandlung ist sehr einfach, denn bei Homocystein handelt es sich um eine für den Körper giftige Substanz, die aufgrund des Fehlens von Vitamin B6, B12 und Folsäure nicht gespalten werden kann. Ist das Homocystein jedoch einmal gespalten, ist es für unseren Körper von großem Nutzen, denn das eine Spaltprodukt ist ein starker Entgifter und ein Antioxidans, das andere wirkt gegen Depression, Arthritis und schützt die Leber.

Viele Leiden – von Herz-Kreislauf-Erkrankungen bis zu Diabetes und Arthritis – müssten nicht sein, wenn jeder seinen Hcy-Wert kennen würde und ihn bei zu hohen Werten behandeln würde.

Behandlung ist möglich

Die Behandlung eines erhöhten Homocysteinspiegels ist einfach, am besten fragen Sie in Ihrer Apotheke nach einem Produkt, das folgende Kriterien erfüllt: 1 mg Folsäure, 100 mg Vitamin B6 und 1 mg Vitamin B12. Davon nehmen Sie am Tag 1 Kapsel. Diese

Wie steht es um Ihr Homocystein?

- Sind Sie über 40?
- Schwanger?
- Trinken Sie regelmäßig Alkohol?
- Trinken Sie viel Alkohol?
- Rauchen Sie?
- Sind Sie oft aggressiv oder ärgerlich?
- Unterdrücken Sie Frustration?
- Trinken Sie viel Kaffee, schwarzen Tee, Cola?
- Sind Sie Vegetarier?
- Essen Sie viel rotes Fleisch?
- Essen Sie viel Kochsalz?
- Haben Sie wenig Bewegung?
- Haben Sie eine diagnostizierte Erkrankung (Bluthochdruck, Diabetes oder andere)?

Kombination unterstützt den Abbau des gefäßschädigenden Homocysteins im Körper, sodass das Risiko für einen Schlaganfall oder eine Thrombose gemindert werden kann.

Auch sollten Schwangere daran denken, eventuell ihren Homocysteinwert überprüfen zu lassen, denn auch Fehlgeburten, Schwangerschaftskomplikationen und Neuralrohrdefekte werden mit einem erhöhten Homocysteinspiegel in Zusammenhang gebracht. Natürlich ist es mit einer Einnahme der Kapseln allein nicht getan, denn sie ändern noch nichts an der Ursache für die schlechten Hcy-Werte. Wichtig ist, dass man die Lebensumstände, die dafür sorgen, dass der Wert zu hoch ist, genau anschaut und verändert.

Je mehr Sie von den Fragen im Kasten auf Seite 162 unten mit Ja beantworten können, desto wahrscheinlicher ist es, dass Ihr Hcy-Wert erhöht ist. Es lohnt sich, ihn messen zu lassen, denn die Höhe spielt eine wichtige Rolle, um danach adäquat handeln zu können. Bitten Sie Ihren Arzt, Ihren Homocysteinwert zu messen, und wenn dieser höher als 8 Mikromol pro Liter Blut ist, handeln Sie.

Triglyceride

Triglyceride sind Neutralfette, die einerseits von außen durch die Nahrung durch tierisches Fett zugeführt und andererseits im Körper selbst aus Alkohol und Kohlenhydraten, wie Obst, Zucker, Weißmehl, synthetisiert werden. Die Aufgabe der Triglyceride ist Energiebereitstellung. Da Fett sich schlecht in Flüssigkeiten wie Wasser löst, müssen die Triglyceride sich im Blut an Transportmit-

Erhöhte Triglyceride – erhöhtes Risiko

Menschen mit erhöhten Werten sind gefährdet für folgende Krankheiten:

- Herzinfarkt,
- Schlaganfall,
- Diabetes Typ 2 durch Hyperinsulismus und Insulinresistenz,
- Arteriosklerose.

tel binden, damit sie weiterbefördert werden. Sie binden sich an Lipoproteine (Cholesterin HDL und LDL). Von einer Triglyceriderhöhung spricht man ab einem Wert von über 150 Milligramm pro Deziliter Blut. Die Ursachen für erhöhte Werte können sein: übermäßige Zufuhr tierischer Fette, Alkoholkonsum, Rauchen, familiäre und soziale Faktoren oder Fettstoffwechselstörungen.

Die hier genannten Empfehlungen sollten Sie mit Ihrem Arzt oder Heilpraktiker besprechen und gegebenenfalls gemeinsam mit ihm/ihr eine geeignete Therapie erarbeiten.

Gesamteiweiß

Wie bereits beschrieben, ist Eiweiß nach Wasser der Hauptbestandteil unseres Körpers (siehe Seite 41). Die Voraussetzung dafür, dass alle Stoffwechselabläufe im Körper reibungslos funktionieren, ist, dass genug Enzyme, Hormone, Vitamine gebildet werden, die allesamt aus Eiweißen bestehen. Daher brauchen wir

Empfohlene Blutwerte

Ich kann nur jedem empfehlen, neben den normalen Blutwerten, die der Arzt in Auftrag gibt, folgende Werte regelmäßig messen zu lassen:

- Triglyceride
- Cholesterin aufgeteilt in HDL und LDL
- Homocystein
- Schilddrüsenhormone
- Gesamteiweiß
- Folsäure
- Vitamin D_3

Für die Bildung von guten Hormonen können Sie selbst ganz viel tun:

- Bewegung
- Lachen
- Ausgewogene Ernährung
- Ausreichend Schlaf
- Ausreichend trinken
- Erfüllende Hobbys

ausreichend Eiweiß aus der Nahrung. Genauer gesagt heißt das, wir müssen nicht nur ausreichend Eiweiß aus der Nahrung bekommen, wir müssen es auch aufspalten können.

Ob dies gewährleistet ist, kann im Blut nachgemessen werden. Eine ausreichende Eiweißversorgung mit allen positiven Begleiterscheinungen, wie z. B. ein optimal funktionierender Stoffwechsel, ist gewährleistet bei einem Wert von 8 Gramm pro Deziliter Blut. Das sollte unser Zielwert sein.

Vitamin-B-Komplex

Die Gruppe der B-Vitamine ist hauptverantwortlich dafür, ob wir Eiweiß aus der Nahrung aufspalten können oder nicht. Die B-Vitamine sind am Proteinstoffwechsel beteiligt, indem sie die Eiweißbausteine in die Muskeln einbauen. Haben wir zu wenig dieser wertvollen Vitamine, können wir so viel Eiweiß essen, wie wir wollen – wir können es nicht verwerten.

Vergessen wird oft, dass Folsäure auch zu den B-Vitaminen gehört. Folsäuremangel führt zu Blutarmut, kann zu Frühgeburten in der Schwangerschaft führen und vor allem: Ein Mangel an Folsäure erhöht den Homocysteinwert und erhöht das Risiko für Herz-Kreislauf-Erkrankungen um ein Vielfaches. Die Werte der einzelnen B-Vitamine werden hier nicht aufgezählt. Die hat Ihr Arzt auf seinem Blutuntersuchungszettel.

Das neue welleat Konzept auf einen Blick

Die 20 Punkte, die Ihr Leben verändern können, sind für alle Menschen, die aktiv etwas für sich tun möchten – für ihre körperliche, geistige und mentale Fitness.

1. Trinken Sie täglich Ihrem Gewicht entsprechend stilles Wasser. Das errechnet sich so: Gewicht mal 3 geteilt durch 100 in Litern. Ein Beispiel: 70 kg sind 2,1 l Wasser. Trinken Sie kein Wasser zu den Mahlzeiten, sondern eine Viertelstunde davor und eine halbe Stunde danach.
2. Halten Sie sich an die Ernährung im hormonellen Gleichgewicht – essen Sie, so oft Sie können, nach dem welleat Konzept.
3. Essen Sie genug gutes, fettarmes Eiweiß. Denken Sie daran: Eiweiß kommt in unserem Körper in größeren Mengen vor als jede andere Substanz mit Ausnahme von Wasser. Eiweiß macht satt, schön, gesund und glücklich.
4. Meiden Sie schlechte Eiweiße, d.h. gesättigte Fette, wie fettes rotes Fleisch, fette Wurst, denn diese haben einen hohen Gehalt an Arachidonsäure, die die Produktion guter Eicosanoide verhindert und Entzündungen hervorruft.
5. Essen Sie gute Kohlenhydratlieferanten, denn diese halten die Insulinausschüttung gering. Gut sind Gemüse, Obst, Salat, Hülsenfrüchte und in Maßen auch Vollkornprodukte.
6. Meiden oder reduzieren Sie schlechte Kohlenhydrate, denn sie haben eine hohe Insulinausschüttung zur Folge. Schlecht sind alle Produkte aus Weißmehl und Zucker, Kartoffeln, Reis oder Alkohol.
7. Nehmen Sie ausreichend Omega-3-Fettsäuren zu sich, in Form von Fisch oder Fischöl, um gute Eicosanoide zu produzieren und um die Zellmembranen dünn und flexibel zu halten – für einen guten Stoffwechsel.
8. Meiden Sie Transfette, d.h. gehärtete Fette, wie sie in billiger Margarine vorkommen.

9. Verwenden Sie nur unraffiniertes Salz, wie Steinsalz, Kristallsalz oder Meersalz.
10. Achten Sie auf eine ausreichende Aufnahme von Vitamin B, damit Eiweiß eingebaut werden kann.
11. Vermeiden Sie großen Hunger, denn Hunger bedeutet für den Körper Stress, und das bringt Sie aus dem Gleichgewicht, macht dick und verursacht Schmerzen.
12. Essen Sie kleine, ausgewogene Zwischenmahlzeiten, wie Obst mit Quark oder anderes.
13. Trinken Sie direkt nach dem Aufstehen einen halben Liter lauwarmes Wasser, um den Flüssigkeitsverlust der Nacht wieder auszugleichen. Kaffee und Tee gleichen nicht aus, sie entziehen dem Körper Wasser.
14. Essen Sie innerhalb einer Stunde nach dem Aufwachen, damit Ihr Motor etwas zu verbrennen hat und nicht sich selbst anknabbert.
15. Bewegen Sie sich regelmäßig an der frischen Luft.
16. Machen Sie leichten Sport, wie Joggen, Nordic Walking oder was Ihnen sonst Spaß macht. Produzieren Sie selbst die Hormone, die jung, glücklich, schlank und gesund machen.
17. Schaffen Sie sich im Alltagsstress zwischendurch mal eine kurze Entspannungspause.
18. Essen Sie nicht hastig, nicht im Stehen und wichtig: Kauen Sie Ihr Essen gut, genießen Sie jeden Bissen!
19. Schlafen Sie in gut gelüfteten, kühlen Räumen.
20. Denken Sie positiv – so oft es geht.

Auf einen Blick: Was welleat leistet

welleat informiert Sie darüber,

- warum Diäten nicht helfen, sondern der Garant für Übergewicht und Krankheiten sind,
- warum Sie nie wieder zu hungern brauchen, um schlank und gesund zu sein,
- warum Essen Schmerzen verursachen kann, und wie es geht, dies zu vermeiden,
- welche Fehler bei gängigen Ernährungsregeln gemacht werden und wie es anders geht,
- warum Apfelschorle, Spezi und Wasser nicht das Gleiche sind,
- warum Süßstoffe uns dick, krank und hungrig machen,
- warum Stress dick und krank macht und Schmerzen auslöst,
- warum die Etiketten auf Lebensmitteln wichtig sind,
- wie Müdigkeit entsteht,
- was Sie Wichtiges über Ihre Gesundheit und Ihr Normalgewicht wissen sollten.

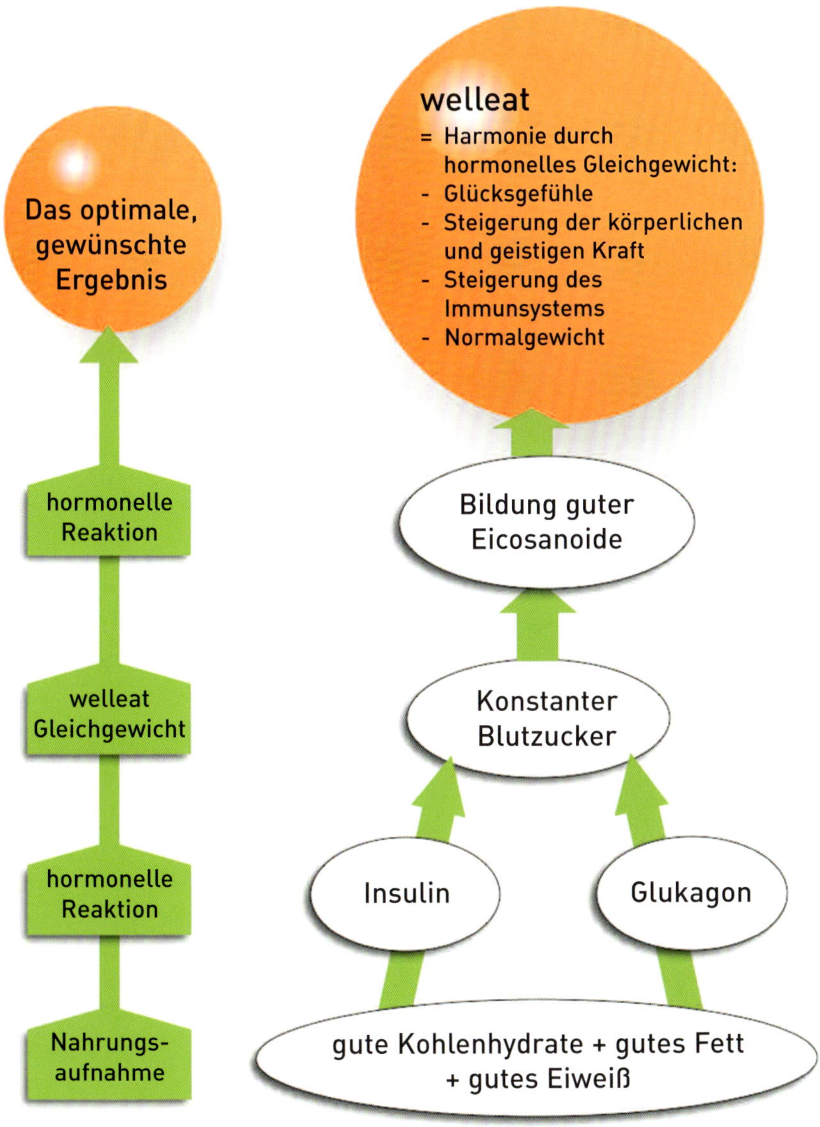

Das optimale, gewünschte Ergebnis
hormonelle Reaktion
welleat Gleichgewicht
hormonelle Reaktion
Nahrungs-aufnahme
welleat
= Harmonie durch hormonelles Gleichgewicht:
- Glücksgefühle
- Steigerung der körperlichen und geistigen Kraft
- Steigerung des Immunsystems
- Normalgewicht
Bildung guter Eicosanoide
Konstanter Blutzucker
Insulin
Glukagon
gute Kohlenhydrate + gutes Fett + gutes Eiweiß

JAWOHL!
ICH PACK' DAS AN,
ICH BIN ES WERT,
ICH SCHAFF' DAS.

Sie haben die Wahl

Die Ernährung nach welleat kann Ihre Lebensqualität, Gesundheit, Leistungsfähigkeit und Laune verbessern. Nehmen Sie Ihr Leben in die Hand – Sie entscheiden selbst!

Der traurige Kloß hinter dem Brustbein

Dieses Kapitel ist nur für diejenigen, die mit dem Begriff »trauriger Kloß« spontan etwas anfangen können. Ich kenne aber niemanden, der den traurigen Kloß nicht ab und zu spürt, oder zumindest etwas Ähnliches in der Gegend des Brustbeins. Man muss nur ganz genau nachfragen. Plötzlich oder auch schleichend ist er wieder da: der traurige Kloß hinter dem Brustbein. Schwer, fest, ungreifbar und dunkel macht er sich bemerkbar. Was ist denn passiert, fragen Sie sich. Gestern war noch alles in Ordnung. Und heute, das ist ja fast wie ein ganz schreckliches Sonntagsgefühl, da ist so etwas Sinnloses, Machtloses oder Lustloses. Na ja, wird schon wieder weggehen, oder sollte ich vielleicht doch mein Leben ändern, meinen Partner verlassen oder einen neuen Job suchen? Tausend solcher Gedanken schwirren einem durch den Kopf, und einer davon ist schon mal ganz sicher richtig, und zwar der: etwas zu ändern.

Eine Ernährungsumstellung nach dem welleat Konzept verhilft Ihnen auch zu einem positiveren Gefühlsleben.

Das Leben verändern

Der traurige Kloß hat etwas mit dem Mangel an Glücklich-Hormonen und mit zu vielen schlechten Eicosanoiden zu tun, also mit den negativen Folgen von schlechter Ernährung und Bewegungslosigkeit. Da kann man aktiv selber eingreifen. D. h., die Kompensation fällt weg, wenn man sich richtig ernährt und dadurch dem Gefühl mehr Raum gibt, sich zu äußern. Meist ist dann die Ursache des Kloßes nicht behoben, aber er fühlt sich leichter an, und wir bekommen die Möglichkeit und auch die Idee, den Kloß mal näher anzuschauen. Was ist mit dem? Was will er uns sagen? Warum brauchen wir den Kloß? Meist brauchen wir dazu jemanden, der sich damit auskennt, z. B. einen Therapeuten, der sich auf Basis systemischer Therapie die Ursachen des Kloßes betrachtet. Es ist auf jeden Fall eine große Bereicherung, sich seine Gefühle genau anzusehen, denn sie kommen nicht zufällig. Der Kloß bleibt nicht nur als Kloß da sitzen – er macht et-

was mit uns. Die Gefühle, die mit ihm einhergehen, spiegeln sich in unserem Alltag wider: in Beziehungen, im Umgang mit uns selbst und in der Arbeit. Ich spreche aus eigener Erfahrung und aus der langen Beobachtung und Befragung meiner Patienten. Mehr über die systemische Therapie erfahren Sie unter www.welleat.de.

Sie haben die Wahl – entscheiden Sie selbst

Probieren Sie es einfach aus, indem Sie eine Ernährung im hormonellen Gleichgewicht anwenden, sich mehr bewegen und somit selbst genügend gute Hormone produzieren. So reduzieren Sie die Produktion schlechter Eicosanoide, die unser Gewebe übersäuern und verhindern, dass wir uns im hormonellen Gleichgewicht befinden. Es lohnt sich und ist auf jeden Fall einen Versuch wert.

Achten Sie ganz bewusst auf die Folgen Ihrer Ernährung.

Bei der welleat Ernährung geht es nicht darum, generalstabsmäßig alles umzusetzen, was man Neues gelernt hat. Wenn Sie den neuen Zustand der Harmonie für sich entdeckt haben, dann sollten Sie zunächst einmal versuchen, ihn zu halten. Irgendwann stellt sich ein Automatismus ein, sodass Sie intuitiv genau zu den Lebensmitteln und Kombinationen greifen, die Sie in diesen Zustand bringen – in den Zustand des optimalen Stoffwechsels, in dem alle guten Hormone gebildet werden, die Sie brauchen, um sich körperlich, geistig und seelisch gesund zu fühlen.

Versuchen Sie, den Unterschied zu spüren, wie es sich anfühlt, wenn Sie zum Frühstück ein Marmeladenbrötchen mit süßem Kakao zu sich nehmen oder wenn Sie zu einem Vollkornbrot mit Hüttenkäse oder zu Putenbrust und Avocado mit Zitrone greifen. Achten Sie darauf, wie Ihre körperliche und geistige Verfassung ist.

Fast jeder spürt den Unterschied

Sollten Sie zu denen zählen, die sagen: »Es geht mir immer gleich, egal, was ich esse«, bitte ich Sie, trotzdem nach den welleat Kriterien auf Ihre Ernährung zu achten, denn viele unnötige Erkrankungen, die man lange nicht bemerkt, können dadurch verhindert werden. Diese Erkrankungen entstehen nicht von heute auf morgen, sie entwickeln sich, sie brauchen Zeit – und der Nährboden einer jeden Krankheit ist eine ausgetrocknete, schlecht versorgte Zelle. Wenn Sie die Hauptkriterien von welleat verinnerlichen, leisten Sie einen großen Beitrag dazu, dass Ihre Zellen optimal versorgt sind. Wir müssen unseren Körper mit unserer Lebensweise unbedingt unterstützen, denn unser Leben ist ohnehin anstrengend genug. Sorgen Sie dafür, dass Sie selbst stabiler werden.

Selbstverantwortung

Sie haben die Wahl: Gewöhnen Sie sich nicht an einen schlechten Zustand – ändern Sie etwas. Jetzt!

Es wird Zeit, Selbstverantwortung zu übernehmen und nicht mehr zu hoffen, dass es jemand anders für einen »wegmacht«, heilt oder hilft. Damit will ich nicht andere Therapien infrage stellen, aber die Wartezimmer der Ärzte sind voll mit Patienten, die über Bauchschmerzen, depressive Verstimmungen, Verstopfung und Müdigkeit klagen. Oft kann der Arzt nicht helfen, aber eine Nahrungsumstellung würde es tun. Ich beobachte seit 25 Jahren die Leiden, mit denen Menschen zum Arzt gehen, und die wenigsten werden in den Arztpraxen gelindert, wenn es sich um Alltagsprobleme wie die genannten handelt. Die Alltagsbeschwerden können als Ursache eine falsche Ernährung haben, manchmal sind sie ein Hinweis auf eine Erkrankung. Auf alle Fälle sollten Sie den Arzt oder Heil-

Forschen Sie nach dem Warum

Das Leben wird leichter, wenn Sie sich erklären können, warum Sie sich wie fühlen. Wenn Sie ohne Eiweißausgleich eine Pizza mit Rotwein (reine Kohlenhydratmahlzeit) zu sich nehmen und danach müde sind, wissen Sie jetzt wenigstens, warum. Oder wenn sich mal wieder ein unangenehmes Gefühl einschleicht, vielleicht hinter dem Brustbein oder auch woanders, oder Sie aggressiv, lustlos oder ohne Grund tieftraurig sind: Überprüfen Sie, was Sie gegessen oder getrunken haben und wann Sie sich das letzte Mal ausgiebig bewegt haben. Sie werden einen Zusammenhang feststellen. Dann wissen Sie, wie es auch anders gehen könnte. Und das bringt Ihnen ungeahnte Freiheit: Denn Sie können selbst über Ihr Wohlbefinden entscheiden!

praktiker Ihres Vertrauens mit in Ihre Überlegungen einbeziehen. Ich appelliere an Ihren gesunden Menschenverstand: Übernehmen Sie Verantwortung für sich, und Sie können ein neues Gefühl der Gesundheit entdecken und sich und Ihre Bedürfnisse kennen lernen, sie ernst nehmen und diese auch leben. Sie sind es sich selbst wert. Ich wünsche Ihnen viel Erfolg und Spaß dabei!

Blutzuckerindex

Sehr hoher Index	Mittelhoher Index	Niedriger Index
Baguette	Ananas	Apfel
Banane	Basmatireis	Birne
Birchermüsli	Bulgur	Bohnen, weiß
Brezel	Coca-Cola	Buchweizen
Cornflakes	Eiscreme, fettreich	Eiernudeln
Eiscreme, fettarm	Getreideflocken, gezuckert, raffiniert	Erbsen
Fertigkartoffeln	Grieß	Erdnüsse
Fertigreis	Haferkleie	Fruktose
Honig	Hafermehl	Gerste
Karotten, gekocht	Industrielimonade, nicht gezuckert	Grapefruit
Kartoffelbrei	Kartoffelchips mit hohem Fettgehalt	Grüngemüse
Kartoffelchips	Konfitüre	Joghurt
Kartoffeln aus der Mikrowelle	Maiskörner	Karotten, roh
Kartoffeln, gebraten oder geröstet	Mischbrot	Kichererbsen
Kekse	Orangensaft	Kidneybohnen
Mais	Pellkartoffeln	Kirschen
Mango	Roggenbrot	Kiwi
Melone	Roggenbrot mit Leinsamen	Linsen, grün, braun
Papaya	Rote Bete	Milch, vollfett
Pastinaken	Rüben	Milchzucker
Pommes frites	Saccharose	Müsli ohne Zucker und Rosinen
Reis-Crispies	Schokoriegel	Orangen
Reismehl	Schokoriegel mit hohem Fettgehalt	Pfirsich
Reispudding	Toastbrot	Pflaumen
Reiswaffeln	Vollkornmehl	Popcorn
Rosinen	Vollkornreis	Quinoa
Sirup	Weißbrot	Roggen
Traubenzucker	Weißmehlprodukte	Sauerteigbrot
Weißer Reis	Weizenschrot	Schokolade, schwarz (70 % Kakao)
Industrielimonade, gezuckert	Weizenvollkornbrot	Sojabohnen
		Tomaten
		Traubensaft

Danksagung

Ich danke meinem Mann für seine Liebe und seine Klugheit, mit der er mich begleitet und stützt. Ich danke meiner Kleinen, dass sie mir jeden Tag mein Herz öffnet. Ich danke Meera für ihre große Unterstützung (ich bin glücklich, dass es Dich gibt). Vor allem danke ich meinen Eltern, die immer an mich geglaubt und mich unterstützt haben und mich zu der haben werden lassen, die ich bin. Ich danke allen, die mit unermüdlicher Kraft und großer Motivation an meinem Buch mitgearbeitet haben: Vor allem Mathias Voelchert und Heinz Kraxenberger sowie seiner Frau Carola Wetzel, Reinhardt Hess und Stefan Spang. Herrn Dieter Moog danke ich für die Telefonnummer. Lieber Hossi, vielen Dank für deinen Tipp.

Bezugsadresse von Produkten zur Ernährung nach dem welleat Konzept finden Sie im Internet unter www.welleat.de
Oder rufen Sie uns an: 08177/92 99 640

Literaturverzeichnis

Barry Sears, "Das Optimum", Econ Verlag, 2003
Uwe Karstätt, "Die 7 Revolutionen der Medizin", Titan Verlag, 2004
Hans-Ullrich Grimm, "Die Suppe lügt", Knaur Verlag, 1999
Dr. Ulrich Strunz, "Die Diät", Heyne Verlag, 2004
Prof. Dr. med. Olaf Adam, "Omega-3: Fitness durch Fische und Öle", Naturaviva Verlag, 2004
Hendel/Ferreira, "Wasser und Salz", Ina Verlag, 2004

Register

Hinweis

Bei den hier beschriebenen Inhalten handelt es sich nicht um ärztliche Heilmethoden. Es wird keine Diagnose gestellt. Die Nahrungsumstellung und Nahrungsergänzungen erfolgen auf eigene Verantwortung. Die Erkenntnisse über die Aussagen dieses Buches wurden nach bestem Wissen und Gewissen wiedergegeben.

Die Informationen ersetzen nicht die Hilfe und den Rat eines Arztes oder Heilpraktikers. Es wird nicht empfohlen, gegen den Ratschlag eines Arztes oder einer bestehenden Therapie zu handeln. Der Verlag übernimmt keine Haftung für eventuelle Schäden oder Nachteile, weder für Personen-, Sach-, noch Vermögensleistungen, die aus den im Buch gegebenen praktischen Hinweisen resultieren. Alle Angaben in diesem Buch erfolgen daher ohne jegliche Gewährleistung oder Garantie seitens des Verlages oder der Autorin.

Dieses Buch kann der eigenen Reflexion dienen und einen Beitrag dazu leisten, durch Ernährungsumstellung die Selbstheilungskräfte zu aktivieren. Dabei handelt jeder auf eigene Gefahr, eigenes Risiko und eigene Verantwortung.

Vita

Nicola Sautter ist Physiotherapeutin, Ernährungsberaterin und Buchautorin. Sie ist einem großen Fernsehpublikum seit der erfolgreichen ProSieben-Serie »Besser essen – Leben leicht gemacht« bekannt. Trotz vermeintlich gesunder Diäten und jahrelangem Leistungssport litt sie unter chronischen Schmerzen, Gewichtsproblemen und Essstörungen. Erst mit dem von ihr selbst entwickelten Ernährungskonzept »welleat« schaffte sie es, lästige Pfunde zu verlieren und zugleich ein Leben ohne Schmerzen zu führen.